創造するための文章

小野　泰央

真珠書院

はしがき　本書の意図

　多くの作文指導書は「どのように書くか」を示す。学校での作文の授業は「国語」の時間に行われるから、その指導の論点が「書き方」に傾くのは自然である。しかし、生徒や学生が書く文章は、「国語」に関する「内容」、つまり「文学史」や「言葉」などの問題ばかりではない。むしろ、「自然科学」や「社会科学」に関する「内容」を扱う場合の方が多い。例えば、小中学生が「友達」というテーマで書いた文章であっても、その「内容」は「国語」教科における情操的問題だけではなく、「人間関係」の在り方を説いているのであるから、「道徳」や「倫理」などの教科や「ホームルーム」での課題となる。であるから、これらの「内容」を問題とする場合は、それぞれの教科や場で問題にしないと、議論が深まらない。

　我々は普段の議論を口頭で行って、その口述方法——発音や語彙——にさほど触れずに、「内容」だけを主に問題にしているのに、文章化する場合になると、字句を云々することが多い。ただ本来、文章を「書く」ということも、「相手に伝え

たい内容」があるから書くのではないのだろうか。

「相手に伝える」ということとは「自発的」な行為であるはずだ。もし他人の意見に対して反対でなければ、うなずくだけでいいし、社会に対して問題がなければ、傍観していればいいだけである。「反対」や「提言」などの「伝えたい」と思う「内容」があるから「伝える」のであって、それを「多くの人に理解してもらいたい」と思うから「公表」するのではないか。そして、その「公表」するときに、おかしな表現だと正しく伝わらないから、「伝え方」を工夫するはずである。

つまり、「内容」が初めにあって、その次に「表現」があるべきである。あるいは、「内容」は「表現」と平行して問題にされなければならないのである。

本書はこれまでの文章作成に関する教育の現状を批判した上で、どのような小論文を書かなければならないのかを論じた。加えて、その小論文作成の手順を示した。

第1章「作文教育における問題の所在」では、現在教育機関で行われている作文指導の問題点を指摘した。それは、小学校で書かされる文章から実社会で行われている言語生活の問題点までを示した。

次いで第2章「本当に必要な小論文作成法」では、どのような「内容」の文章を書くかを示した。学生が書いた例文を本に、7項目について順を追って推敲していった。

第3章「論を構築するために」では、その「内容」をさら

に充実したものにするために、資料の収集方法・分析する視点・発想法を示した。思考方法に関する本は多数存在するが、その思考を具現化していく過程で文章作成を想定している書は少ない。我々は、思考する段階では、箇条書きで書いたり図式を用いたりするが、いざそれをまとめて、公表する際には――口述・書面ともに――必ず文脈を有するはずである。いや箇条書きや図式で考えたときには大丈夫だと思っても、いざ文章にしたときには、つじつまが合わなくなってしまっていることだってないわけではない。つまり思考の構築とは、図式とさらに文章化の双方から確認していく必要がある。このことが、多くの思考方法を論じた書物にはやはり欠けている。

　本書は、小論文指導のための本であるが、表現や段落構成などを云々していない。それらについては、他の文章作成に関する本がいくらでもあって、それらを参照すれば済むから（ただし、それらの作文指導書に異論がないわけではないが）、屋上屋を架すことはしない。

　高等教育のために書いた本であるが、日本における文章作成教育に向けての提言でもある。その作文教育における問題は初等教育から始まっているから、初等・中等教育の教員にも利用してもらうことを目的とした。

目　次

はしがき　本書の意図

第1章　作文教育における問題の所在
はじめに……………………………………………………8
第1節　子どもが嘘をつくとき
　　　　　―「正しい感想を書かされる」…………8
第2節　高等教育機関以前の文章評価
　　　　　―「美しい意見を書かされる」…………12
第3節　社会における作文指南書
　　　　　―「ア　決意を宣言する」「イ　現状を説明する」「ウ　問いかけで終わる」…………15
むすび………………………………………………………20

第2章　本当に必要な小論文作成法
はじめに……………………………………………………24
第1節　「考えを示す」ということ
　　　　　―「論文」ということ―………………27
第2節　「一つのことに絞る」ということ
　　　　　―「主旨」ということ―………………32

第3節 「批判する」ということ
　　　　―「書く動機」ということ― ……………… 37
第4節 「新しい内容」ということ
　　　　―「公表する」ということ― ……………… 44
第5節 「具体的である」ということ
　　　　―「現実感」ということ― ………………… 47
第6節 「分析する」ということ
　　　　―「論理的」ということ― ………………… 51
第7節 「未来を描く」ということ
　　　　―「創造する」ということ― ……………… 57
むすび …………………………………………………… 76

第3章　論を構築するために
はじめに ………………………………………………… 80
第1節　資料収集―インターネットの活用 ………… 80
　1　サイト ……………………………………………… 81
　2　検索方法 …………………………………………… 88
第2節　分析する視点 …………………………………… 95
　1　大小で考える ……………………………………… 96
　2　「背景」を考える ………………………………… 101
　3　「時間」と「空間」で考える …………………… 104
第3節　発想方法 ……………………………………… 112
　1　JK法 ……………………………………………… 112
　2　NM法 …………………………………………… 114

3　ロジックツリー……………………………………117
　　4　ピラミッドストラクチャ……………………………121
むすび………………………………………………………………124

第1章　作文教育における問題の所在

はじめに

　「国語科」の学習指導要領に「書くこと」という項目がある。「書く」ということは、言語の四機能のなかでも最も高度な行為であるから、そこには様々な問題が存在する。教育現場で「書くこと」が課題となったときに、「どのように表現するか」の問題が多く扱われているが、「伝える」ということには本来「目的」があるはずである。その「目的」がまずあってから、「伝える」という行為があるはずである。ただその「書くこと」の「目的」が何であるのかを踏まえた指摘を目にすることは少ない。だから現在、行われている作文教育と、実際に書かなければならない文章との乖離も、問題にされていないのが現状である。

第1節　子どもが嘘をつくとき
―「正しい感想を書かされる」―

　我々が、小学校のときに書かされた文章は主として「感想文」である。夏休みの宿題には、決まって「読書感想文」が

課されていた。「感想文」を書くときはいつも、大人が認めてくれる感想とは何なのかを考えていたと思う。であるから「独自」の「ありのまま」の思いを示すことはなく、「正しい」であろう感情を書くことに終始した。『走れメロス』を読んだら、「友情」について書けばいいし、その「友情」についても、

　「私は、メロスみたいに友達との約束を果たせなかったことがあります。」

と始めたり、

　「僕もこれからも友達は大切だと思いました。」

と結べばよかった。ただし、小学生が本気でこのようなことを絶えず考えているかというと、甚だ疑問である。
　このような「感想」を書くことが染み付いているのだと思う。学生に小論文を書いてもらうと、大体、次のような「感想」で終わる文章が少なくない。

　「ゴミ問題は重大な問題だと思いました。」
　「少子化を何とか改善していかなければならないと思いました。」

そもそもこのような「ありきたりな感想」はいくらでも書けてしまう。

ただありきたりなことを書くことだけが問題ではない。最も罪なことは、むしろこのような大人が喜ぶ道徳的な感想を書いているときに、子どもたちは嘘をついているということである。「作文と教育」(日本作文の会編集・百合出版)の平成13(2001)年5月臨時増刊号は「子どもが『ウソ』を書くとき」というテーマであって、そのなかの「アンケート『私の書いた「ウソ」』」の「思っても、感じてもいなかった」では、次のような体験が載っている。

　　見学とかいった後、次の日に作文か日記をかく時私はいっつも最後の文に『とってもいい勉強になりました』と書きます。(6年・女)
　　1年の時は、お年寄りを大切にみたいなことを、大っきく、大っきくしないと、と思ってウソかいた。(中1年・女)

この「勉強になりました」やそれに類する「楽しかったです」、さらに「大切に」やそれに類する「真剣に考えなければなりません」などは、感想文の常套文句である。本当は、

「退屈だった」
「既にテレビで見たからみんな知っていた」

「その工場排水はどこに行ってしまうかとっても疑問だった」

などの否定的な意見が生まれてきてもいいはずなのに、肯定的なことしか書かない。テレビのインタビューなども特にそうである（恐らく、それらは前もってリハーサルをやらされて、その発言もチェックされているのだと思われる）。

このような「感想」は「自分はそう感じたのだ」と言われれば、それまでであるから、それが嘘であるということを証明することはできないし、もちろんそのような「感想」を寄せ合って、互いに確認し合うということにも、情操的な面での効果がないわけではない。だから、それはそれで意義のあることでもある。

たださらに問題なのは何らかの結論を出さなければならないときでも、そのような「感情」を示すことで終えてしまう、あるいは「感想」しか言えなくなってしまっているということである。このような教育を受けているから、社会において結論を出さなければならない場合においても、依然として「感想」が飛び交ってしまうのである。

作文指南書にも「感想文」を想定するものもある。辰濃和男氏は「意欲―胸からあふれ出る思いを」と項目立てをし、「胸にたまっている混沌としたものが、しだいにある形を整えてくる」として、

> 思いが整い、言葉が整ってくる、という過程が大事です。

とするのは (注1)、そもそも「感想文」の過程である。

このような文章から得る意義は少ない。むしろ、樋口裕一氏は、頭が悪い話し方として、「きれいごとの理想論ばかりを言う」を (注2)、

> 本を読んでも、「美しい心をもって懸命に生きている貧しい人々に感動した」などといった感想を漏らしたりする。

と否定していることの方が的を射ている。

ここで指摘されている「感動した」という言い回しは、まさに教育現場で生徒が書いて、さらに恐らく教員が花丸をあげてしまっている「感想文」と同じ内容である。

第2節　高等教育機関以前の文章評価
—「美しい意見を書かされる」—

さらに樋口裕一氏が指摘するように、その「感想」には「美しい」ことが喜ばれる。それはやはり、文章を評価する場合の基準にもなってしまっている。例えば、高校入試の小

論文に次のような「感想」を求める設問がある。

  群馬県　　「あなたが心豊かに生きるために大切にしていきたいと思っていること」
  和歌山県　「あなたが感じたことや考えたこと」[言葉は人間だけに与えられた素晴らしい贈り物です。だからこそ大切にしたいじゃありませんか]
  沖縄県　　「マナーの大切さという題で、あなたの意見や感想を書くこと」

「感じたこと」「思っていること」が要求されている。しかも「心豊かに生きるために大切にしていきたいと思っていること」「素晴らしい贈り物」「マナーの大切さ」などの「美しいこと」を要求する。これらは批判のしようのない問題となっている。

　大学入試にしても次のごとく、依然として「感想」を要求する出題があって、それらはやはり「美しい」ことに落ち着くようなテーマである。

  文教大日本語日本文　「季節の変化をどういうところに見出しているか」
  東海大情報デザイン　「若者の「本離れ」についてどう思うか」

「季節の変化」という設定には感傷的内容になる傾向にあるが、入学試験において「感性」をどうやって評価するというのであろうか。「若者の「本離れ」」についても、「本を読むことの推奨」という方向以外には答えを見つけ出せないはずである。

別に、「意見」を要求する出題も、

> 文教大中国語中国文 「生きることの意味について、あなた自身の意見」
> 法政大哲 「カントが永遠平和の実現のために提示した主張について、あなたはどのような意見をもつか」

などとあるが、この「生きること」や「平和」に対する「意見」にも、やはり「美しい」ことを書かなければならないことが要求されるはずで、

> 「生きることには意味なんかない」
> 「生きることの意味を考える意義がどこにあるのか」

などと本当にそう思っていても、大事な入試にそんなことを書けるはずがない。

すなわち「〜と思う」「〜すべきである」等の結論であって、そしてそこには「大切だ」とか「頑張る」とかいったや

はり、「美しい内容」が要求される。あるいはそう要求されていると考えてしまう。

つまり、これらの入試問題はその「内容」ではなく、段落や構成、文字や漢字などの「文章力そのもの」を計っているのだと考えられる。内容に近いことでは「論旨」が確かめられる程度でしかない。

第3節　社会における作文指南書
　　　　―「ア　決意を宣言する」「イ　現状を説明する」「ウ　問いかけで終わる」―

近年、日本人の文書能力も問題となり、それに対応するかのように「日本語文章能力試験」（日本語文章能力検定協会）なるものが行われるようになってきた。「大学卒業程度の総合的国語力を身につけ、それに伴う論理的思考力に裏づけされた総合学力を身につけること」を目標とした2級の「徹底解明」において、次のような設問とそれに対する模範解答が記されている。

ア　決意を宣言する
まず、インターネットに関する文章を提示し、その問題として次のように記す。

この文章を読んで趣旨と内容を捉え、問題となっていることがらに関する論説文を次の条件を必ず守って書きなさい。

この問題の設定において、そもそも「論説文」の意味が不明瞭である。「批評して」それに対する「自分の考え」ということであろうか。模範解答は次のごとくである。最終形式段落のみを引用する。

　自分の未来は、自分で開発していくべきである。人生ではさまざまな場面で意思決定を行わなければならない。毎日、本を読むか、運動をするか、昼寝をするかなど、選択が可能な場面で意思決定をしなければならない。その意思決定がどうであるかによって、人生は定まっていく。だから、子どものころから、自分で問題を発見し、解決する技術と能力を身につけることが必要である。これによって自分自身の人生を切り開くことができるし、社会の進歩にも役に立つ。便利だからといって、コンピュータが提供するものに過度に依存すべきではない。

検定する協会が作成する模範解答であるから、その検定の趣旨に相違ないが(注1)、「便利だからといって、コンピュータが提供するものに過度に依存すべきではない」という結論も独自の考えを示したとはいえない。「べき」という

言葉が二度使われているが、この言葉こそ、論文における「だろう」と同じ問題を孕んでいる。「努力すべきである」「注意すべきである」ということを何遍唱えたところで、事態は改善されないからである。

　社会においても、次のような発言を聞いたことはないだろうか。

　「ゴミを捨てないように注意したいと思います。」
　「環境について、これからはしっかり考えていこうと思いました。」
　「子どものために我々保護者が親身になって考えてあげるべきだと思うのです。」
　「社会を明るくするために一生懸命がんばります。」
　「一人一人が経営者になったつもりで乗り気らなければならない。」

　これらの発言は、「前向きなこと」で、「正しいこと」であるから、その場の感情をそのときは一つにするであろうが、一旦その場を離れたらすぐに消えてなくなるはずである。これらの結論からは何も生まれないから、「将来の糧」にもならない (注2)。つまりは、子どものためにもならないし、社会も明るくならないし、経営危機も乗り切れないのである。

イ　現状を説明する

　もう一つ「演習」がある。学校給食のこれまでの経緯と現状が語られている文章で、先の問題と同じく「問題となっている事柄に関する論説文を次の条件を必ず守って書きなさい」という問題である。それに対する「作成例」が二つ示されている。まず「作成例1」は、冒頭に

　　学校給食は、なかなか合理的なシステムだと思う。

と「なかなか」という曖昧な程度を表す副詞を使って「と思う」という感想から出発する。そして、その理由として「みんなが同じものを食べる点にある」とし、それによって「一体感を生み出し」、「クラスのまとまりを作り出す」「学校生活が楽しいものになるという効果が期待できる」とする。
　二つ目は、「共働きの親にとって」「便利なもの」ということを挙げている。さらに重要な理由として「栄養の問題」を挙げている (注3)。その結論として次のごとく締めくくる。

　　給食制度は、かつて、子どもたちの栄養不良を解消する手段として大きな意味を持っていた。しかし、近年は、それよりも、ともすれば崩れがちな子どもたちの栄養のバランスを整える点で重要な意味を持っている。そうしたことを考えると、学校給食の価値は依然として高いと

問題本文の内容を言い換えて、さらに自ら指摘した「栄養の問題」を繰り返しているだけで、そのうえで、「学校給食の価値は依然として高いと言えよう」という「感想」でまとめる。「本文の内容」を言い換えて要約し、最後に「感想」を付け加えるというのは、「話の内容」を長々と書き、最後に教員に喜ばれる「感想」を書くという、小学生が文字稼ぎをするときの常套手段である。

ウ　問いかけで終わる

　「作成例2」になると「評論文」の意図が分かりやすい。つまり、反論しているからである(注4)。さらに結論は、給食が「他人と一緒だと安心できるという横並び主義」を助長していることを示し、

　　学校給食が、そんな精神を育てる妨げに絶対になっていないと断言できるだろうか。

と問いかけで結ぶ。さきに「作成例1」の冒頭の「なかなか」という曖昧な表現について触れた。それは合理的なシステムであると、断言することがはばかれる心理からである。今度は、「絶対に」という確実な表現が使われているが、それは、筆者が批判する対象についての修飾である。この世の

中にいったいどれほどの「絶対に断言できること」があるかは疑問であるが、その「絶対に」もまた自らの感想を正当化するための逃げ道になっているのである。

それは同時に「できるのだろうか」という「問いかけ」で終わるという心理と直結していると思われる。つまりこの「問いかけ」からは「結論」が伝わってこないのである。「結論」が伝わってこないということは、作者はこの文章で何のリスクも負っていないことになる。

二例の作者は同一人物であると考えられるが、ここに学生が具体性をもって持論を展開できないことと同じ心理が見られるのである。

むすび

「国語」における作文の授業で「感想文」を書くことは、子どもたちに嘘をつく場を与えてしまうことになる。そして、それを評価することで、それが教科であるという固定観念を植え付けてしまう。さらには、それは問題に対する発言が求められているときでも、「感想」で済ませてしまうという社会を作り上げてしまう。

最も象徴的なのが「遺憾」という言葉ではないだろうか。政治家が多用するこの漢語は、確かに文語的で格調が高いか

もしれない。ただそれは「残念」という感想を意味する語でしかない。責任を取らなければならない当の本人に「残念である」と他人事のように「感想」を漏らされるほど、被害にあった人にとって憤りを感じることはない。それは役に立たない言葉を発しているだけでなく、逆に人を傷つけていることと同じことになる。

　「決意」にしてもいくらでも言えてしまうし、「善処します」「十分時間をかけて、しっかり議論をしていきます」など皆然りである。「現状を説明する」だけの文章も、「問いかけで終わる」文章もともに何のリスクを負っていない。

　我々はこのような言語生活を送っているのである。

第 2 章　本当に必要な小論文作成法

はじめに

　それでは、「感想」以外にどのようなことを書かなければならないか。高等教育機関において、公に向けて発表する小論文とはどのような形態でなければならないのかという点について、具体的に文章を示しながら論じてみたい。

　次の文は、高等専門学校専攻科１年（大学３年相当）「国語表現演習」の授業において、「身近の環境について」という題で書いてもらった文章である。

> 　私は前橋市に住んでいます。前橋は県庁所在地です。町の脇には利根川が流れています。東京都をはじめとした首都圏の水源として日本の経済活動上重要な役割を有する、日本を代表する河川の一つで、「坂東太郎」という異名もあります。街の中は広瀬川が流れています。私は五月の広瀬川が一番好きです。なぜかというと、青々とした柳が揺れて、川面を撫でるように揺れる光景が何ともたまらないからです。その広瀬川の脇には前橋文学館が建てられています。前橋出身の詩人萩原朔太郎の像があり、他にもいくつかの歌碑があり

> ます。前橋は「水と緑と詩のまち」というキャッチフレーズがあるくらいです。私はこの商店街がとても気に入っています。なんか古めかしくって、レトロな感じがするからです。
> 　私はこの前橋がいつまでも変わらずにあってもらいたいと思います。

　愛情を持って前橋という街を紹介しているが、そうであるがゆえに感想に終始してしまっている。その感想も「気に入っている」という肯定的であって、「私はこの前橋がいつまでも変わらずにあってもらいたいと思います。」という結びに至っては、みんなの同情を買うこともできる。だからこの感情に否を唱える人はいないであろう。

　ただ作者が本当に普段から、この前橋という街がいつまでも変わらずあってもらいたいと考えていたかというと、そうではないと思われる。そもそもある街がなくなるなどと考える人はいないと思うからである。

　機関紙ならばこれくらいの誇張された情感も許されるかもしれないが、これが曲がりなりにも「国語表現演習」という授業のなかで書かれたものであると、その意義を問われることになる。よって、後の第1節から第7節において順を追って、小論文という形に完成させるまでの手順を示してみたい。

第2章　本当に必要な小論文作成法

利根川と群馬県庁

第1節 「考えを示す」ということ
―「論文」ということ―

　あえて他者に向けて文章を書くのは、他者とその内容についての意識を深めるためである。他者と意識を深めるためには、他者と「議論」へ発展する可能性がなければならない。「議論」が可能となる文章とは「考え」が示された文章である。つまり小論文には、「感想」や「思い」ではなく、「考え」を書かなければならない。

　そもそも「小学校学習指導要領」「国語」〔第5学年及び第6学年〕の「B　書くこと」には、「ア、目的や意図に応じて、<u>自分の考え</u>を効果的に書くこと」とあって、書く対象を「自分の考え」とする。解説では、「相手の立場からの意見をも踏まえて<u>説得できるように</u>工夫することも求められている」とするから、それは単なる「感想」ではないだろう。

　「中学校学習指導要領」「国語」〔第2学年及び第3学年〕の「B　書くこと」にも、「ア、広い範囲から課題を見付け、必要な材料を集め、<u>自分のものの見方や考え方を深めること</u>」とあって、「見方」「考え方」とあるから、やはりそれは「考え」である。小学校との違いは、「深める」というところにあろう。解説では「自分のものの見方や<u>考え方を深めるこ</u>

とができ、書くべき内容を作り出すことができるようになる」とする。この「作り出す」というところに創造性を見ることができる。

さらに「高等学校学習指導要領」「国語総合」の「B　書くこと」の「自分の考えを文章にまとめること」に加えて、「現代文」では、「エ、自分で設定した課題を探究し、その成果を発表したり報告書などにまとめたりすること」「自分の設定した課題を探求する」ということは、自ら問題を見つけ出し、それを深めることを意味する。解説では、「参考となる資料を調べたり、現地にでかけて関係者に取材したり」とあるから、より「自主的な調査」ということになろう。

このように小学校の「自分の考え」を中学校ではさらに「深め」、高等学校で「自分で設定した課題を探求」するということには、「感想」ではない「思考力」を要求しているはずである。

高校入試の小論文でも「自分の考え」のみを要求する次のような問題がある。

　　青森県　「水について」「自分の考えを書くこと」
　　秋田県　「条件にしたがって、意見文を書きなさい」
　　栃木県　「わたしたちが生きていく上で［　A　］は必要
　　　　　　かというテーマについて意見文」

大学入試にも「自分の考え」を述べる問題がある。例えば、

次のごとくある。

> 文教大英米語英米文 「職業選択のことをどのように<u>考えたらいいと思うか</u>」
> 文教大情報 「「共同体のルール」について<u>あなたはどう考えるか</u>」
> 青山学院大仏文 「「標準語」というものは実在するのか、<u>あなた自身の考え</u>」
> 大妻女子大児童教育 「「育てる」「鍛える」という２つのことばについて<u>検討し</u>、具体例をあげながら<u>論じなさい</u>」
> 東洋大経済 「あなたは今後の日本経済にとってどちらの雇用形態がより望ましいと<u>考えるか</u>」
> 早稲田大二文 「「暴力を抑える精神の営み」としての「倫理」について、<u>あなたの視点から考え</u>」
> 鶴見大歯 「「職業」について<u>あなたの考え</u>」
> 北里大看護 「筆者の主張に対する<u>あなたの考え</u>」

　つまり、高等教育機関において書かなければならない内容は「感想」ではなく、「考え」である。
　「感想」は主観的である。そこには誰も立ち入れない領域があるゆえに自分では何でも書けてしまう。一方、「考え」は客観的である。であるから、他人がそれを読んで参考にすることができるし、反論をすることができる。ここにこそ、

文章を読む意義がある。さらにここにこそ、議論が生まれる意義があるのである。

　サンプルの文章の多くは感想であるから、ここからまず個人的な情報や感情を排して「考え」を抽出する必要がある。前橋という街についての客観的な「視点」が示されているのは以下の点である。

① 前橋は県庁所在地である。
② 前橋には利根川が流れている。
③ 利根川は東京都をはじめとした首都圏の水源として日本の経済活動上重要な役割を有する。
④ 街中は広瀬川が流れていている。
⑤ 広瀬川の脇には前橋文学館が建てられている。
⑥ 前橋出身の詩人萩原朔太郎の像がある。
⑦ 他にもいくつかの歌碑がある。
⑧ 前橋は「水と緑と詩のまち」というキャッチフレーズがある。
⑨ 街中には古めかしい商店街がある。

　この前橋の街に対してどのように考えていくかが重要となる。例えば、第一番目の県庁所在地を中心に据えて、県庁所在地論を展開すると、

　県庁所在地とはどうあるべきか。

というような視点が浮かんでくるだろう。そのことをまとめると、次のようになろう。

> 　前橋は県庁所在地です。前橋には利根川が流れています。東京都をはじめとした首都圏の水源として日本の経済活動上重要な役割を有する、日本を代表する河川の一つで、「坂東太郎」という異名もあります。街の中は広瀬川が流れていて、その脇には前橋文学館が建てられています。前橋出身の詩人萩原朔太郎の像があり、他にもいくつかの歌碑があります。前橋は「水と緑と詩のまち」というキャッチフレーズがあるくらいです。街中には古めかしい商店街があります。
> 　県庁所在地とはこのように自然と文化が兼ね備わっている必要があると言えます。ですから今後もこのような緑と文学を前橋の象徴としてアピールしていかなければならないと考えます。

　例文に即したので説明が多くなってしまったが、先の文章に比べて、大分小論文らしくなったと思われる。高等教育機関における文章とは少なくともこのような事実やそれに対する考えで貫かなければならない。

第2節 「一つのことに絞る」ということ
―「主旨」ということ―

　授業で課題として出される小論文の分量は決して多くない。せいぜい原稿用紙5枚前後である。スピーチにおいてその下原稿を書く場合も、1分に原稿用紙1，2枚であるから、5分でやはり同様の量になる。

　であるから、小論文を一つの作品とする場合、どんな内容であれ、まずテーマが統一されていることが重要である。テーマが統一されているということは、書く内容が「一つ」であるということである。このことについて、触れている文章指導書は少なくない。樺島忠夫氏は、

　　まず、まとまった意味を持つものであること（意味の統一性）である。文章の意味が支離滅裂であってはだめである。

とする (注1)。理科系の大学生のために書かれた木下是雄氏の『理科系の作文技術』では、

　　一つの文書は一つの主題に集中すべきものだ。別の主題

が混入すると、読者に与える印象が散漫になり、文書の説得力が低下する。（中略）だから、たとえばある調査のあいだに本来の目的外のことについて重要な情報がえられたときには、それを調査報告の本体に書き込むのは適当ではない。

と記し (注2)、野口悠紀雄氏も、

あまりいろいろなことを盛り込むと、論旨がはっきりしなくなる。

とする (注3)。雑多な内容を羅列した文章ほどつまらないものはない。

　時として、学生に伝える側も同じ過ちを犯している。教師ではないが、最近出会った講演会の講師の話は後輩の学生に対して何が大切なことなのかを訓示として話したもので、資料としてパワーポイントに記された内容は次のようなことだった。

　　三つの意　①熱意　②誠意　③創意

「意」という漢字について形成される熟語であるからといって、それを一まとめにして話をするというのは、あまりにも乱暴である。「誠意」という言葉で片付けられる程単純

なことがどれほどあるか分からないが、「誠意」という一語をとってしてもその言葉の持つ深まりは果てしないはずである。

ある機関紙で、やはり教師が書いた文章も次のごとくの書き出しであった。

　　学生に言いたいことは次の三つです。第一に、……

これら「第一に」と「第二に」と「第三に」がそれら何等かの関連を持っていれば、一つの論として深まりを持つが、単なる羅列であれば文章にする必要はない。箇条書きにした方が分かりやすいからである。

学生に向けてのこのような文章や話が、学生に当たり障りのない伝達内容でかまわないという安心感を与えてしまう。それによって、また学生は同じように表現してしまうことになる。

実際に、学生の文章にもそのような散漫な文章が目に付く。例えば、「社会問題」と題したテーマで出題した課題において、次のような書き出しはすでに読者の関心を呼ばない。

- 最近は多くの社会問題を抱えています。地球温暖化や年金の問題、さらには少子化対策もなども深刻な課題です。
- 昨今、政治家のａ汚職問題やｂ経費の無駄遣いなど、

政治家に関してあまりいい噂を聞きません。

　前者の文では「地球温暖化」「年金の問題」「少子化対策」の三つのことが、後者は政治家に対しての改革について「汚職問題」と「経費の無駄遣い」という二つの問題が示されている。これらの問題を突き詰めるには、やはり、小論文という形態では小さすぎる。このような抽象的な問題を羅列するから「問題です」「深刻です」というような「感想」でしかまとめられなくなってしまっている。
　これを解消するためには、削るという作業が必要となる。文の整理について論じている文章指導書も見られる。辰濃和男氏は、

　　削られるものたちには申し訳ないことですが、削りが多ければ多いほど、文章はひきしまってくる、という実感があります。

とする (注4)。板坂元氏は、表現についてであるが、

　贅肉をとるとでもいうか、余分な飾りをとる方が、文は生き生きとしたものになる。形容詞は、ものの状態・性格をあらわす言葉であるため、使いすぎると文全体が静的な印象を強めることになる。

とし (注5)、野口悠紀雄氏も、

> 「これ以上削ったらまったく意味がとれないか？」と考えてみよう。そうでなければ、削ろう。余計な修飾語も、余計な注記も。そして、余計な文も。それによって文章はよみやすくなり、印象的になる。

とする (注6)。 例文において、

> 東京都をはじめとした首都圏の水源として日本の経済活動上重要な役割を有する、日本を代表する河川の一つで、「坂東太郎」という異名もあります。

という文は前置きとしてはあってもいいが、県庁所在地という本題からは外れる。県庁所在地における環境ということでまとめると、次のようになろうか。

> 前橋は県庁所在地です。前橋には利根川が流れています。街の中は広瀬川が流れていて、その脇には前橋文学館が建てられています。前橋出身の詩人萩原朔太郎の像があり、他にもいくつかの歌碑があります。前橋は「水と緑と詩のまち」というキャッチフレーズがあるくらいです。町中には古めかしい商店街がありま

> す。
> 　県庁所在地とはこのように自然と文化が兼ね備わっている必要があると言えます。ですから今後もこのような緑と文学を前橋の象徴としてアピールしていかなければならないと考えます。

　極力縮めることが文章をすっきりさせることになる。これで初めに書かれていた筆者の好きな前橋の風景への説明はほとんどなくなってしまったが、文章を推敲するということはこういうものである。

第3節　「批判する」ということ
―「書く動機」ということ―

　先に作文教育において「美しいこと」を言わされているということを問題にしたが、本当に書く必要がある文章とは、自らが責任を負う「考え」が示されている文章であって、それは決まって「相手とぶつかるもの」である。であるから、公表しなければならない文章とは、必ず現状に対する「批判」「非難」となる。宇佐美寛氏は次のように述べる (注1)。

そのような誤りを避けるように読むのが「ありのままに」読むことだとするならば、「ありのままに」読むためには、まさに批判的に読まなければならないのである。

氏は論旨の確認のために、あえて批判的に読むことを推奨している。また香西秀信氏は次のように述べる (注2)。

要するに、意見とは、本質的に先行する意見に対する「異見」として生まれ、たとえそれが具体的な明確な形では現れなくても、対立する意見に対する「反論」という性質をもっている。意見を述べるとは、反論することだ。反論という行為は、議論の一要素などというものではなく、議論の本質そのものなのである。

何らかの主張をするときには、すべて「反論」になるとする。この「反論する」という言葉を毛嫌いする人がいるかもしれないが、どのような文章でも結局は反論になっているのである。

「うれしいこと」を発見してそれを伝えようとする場合もあろうが、急いで伝えなければならないという任務を感じるのは、むしろ「問題が生じる場合」である。必要を感じて、何らかの文章を書くとき、必ず「先行する事柄」に対する「反論」を行っている。その「先行する事象」は、もちろん「先行する特定の人の論」に対するときもあるが、「先行する

社会現象」に対するときもある。例えば、「地球温暖化対策」というタイトルの論文であったならば、誰かの「地球温暖化推進の論文に対して反論」だけではなくて、

　　人類が行ってきた営みに対して反論

になるのである。さらに例えば、「日本の少子化対策」であったならば、これも必然と、

　　日本の政治が行ってきた政策に対する反論

となる。また例えば、自らのライフスタイルを提案しようと、自らが小さな幸せだと感じるところの、

　　サイクリング通勤での発見

という内容のエッセイ風な文章を書いたとしよう。これも誰かを非難するつもりで書いたのではないと思っていても、結局は、それは他人にライフスタイルを提案しているということで、それは、

　　通勤を楽しまない人への示唆

であり、

安易に自動車通勤をしてしまっている人への示唆

ということである。非難というほどの具体的な対象もないが、それまでのライフスタイルに対抗していることになる。

先行する意見に対して賛成して、「私の場合も……」などといって、全く同じケースと思って、自分の経験を付け足した場合でも、それは、完全に同じケースではないはずであるから、それはマイナーチェンジを行っていることになる。本当に賛成のときには、決を採るときに賛成の意を示すだけで済むはずだからである。

「文章を書くのが嫌だ」と学生が言うとき、この何のために書くのかという目的が明確でない場合が多い。その目的の多くは「批判」であるから、つまりはその「怒り」や「不満」を自覚していないから書く意義が見つからないのではなかろうか。

ただ昨今の若者においてその意思表示が希薄であるといわれても、彼らが自らの思いを表出したいという欲求が希薄になったとまでは思わない。カラオケやゲームなどのそれぞれの形で自らの能力や技能を示している学生は多いのであるから、自らの意思を表出したいと思っている学生も少なくないはずである。であるから、次のようなことを問いかけることが小論文の授業における導入として必要なことになる。

「何か思うことはない？」

「頭に来たことは？」
「大声で叫びたいことは？」

　第一に問題を見出すことが重要である。あえて、問題を見出すといった時点で、既に「書く意思がないところに作文を強要する」旧来の作文授業と、同じ問題に陥っているのであるが、我々は普段抱えている「怒り」に気づいていない場合が多いのではないか。

　身近においての不満は様々な点に見られるはずである。それを「まずぶちまけてしまう」のである。例文では前橋の街の様子から県庁所在地論を展開して、

> ですから今後もこのような緑と文学を前橋の象徴としてアピールしていかなければならないと思います。

とした。これは単なる提言であるが、拡大解釈すると、現在そのようなアピールを行っていないか、行っていても効果的でない「市政への批判」になっていく。さらには、

> 街中には古めかしい商店街があります。

という点も批判の対象となり得る。実は前橋の中心商店街は、

- 休日でも行き交う人がそれほど多くはない。
- 最近は郊外に商業施設が増えてきている。
- 中心街は空洞化している。

というような問題が起きている。前橋の中心街における空洞化自体が問題であって、それ自体市民にとって「不満」となるであろうが、さらに批判の対象を探っていくと、そのようにしてしまったやはり「市政への批判」ということになる。
　これらをまとめると、次のようになろうか。

> 　首都圏の水源として重要な役割を有する利根川や広瀬川が流れている前橋は自然豊かな街であるとともに、詩人の萩原朔太郎をはじめとする文人とゆかりがあって、文学的にも著名な街である。ただ街中の商店街は休日でも行き交う人がそれほど多くはない。最近はさらに郊外に商業施設が増えてきて、今後、市街地の空洞化はますます進んでくる。これらは市政がその対策を怠ってきたからである。この中心街の空洞化は早急に解決しなければならない問題であると考える。

　サンプルの文章から作者の感情を消すだけで、客観的な文章となり、そこから問題への指摘もなされている文章となる。

平日における前橋のアーケード

第4節 「新しい内容」ということ
―「公表する」ということ―

　ただし、先の「前橋における空洞化」は既に指摘されている情報である。公表する文章は、必ず「大衆」を意識しなければならない。「大衆」が必要とする文章とは「いまだ知らない情報を持った内容」であり、「新しい内容」でなければならない。もし既に公表されている事柄を他人に伝えようと思うならば、その公表されている場所を提示するだけですむからである。樺島忠夫氏は、価値ある文章として、次のことを挙げている(注1)。

　　人があまり知らない知識、知ることが必要な事実である。

　通り一辺倒な内容を書くことは無駄な時間を過ごし、無駄なインクと紙を消費していることになる。しかし、たとえ既に知られている事柄であっても、多くの論文がそうであるように、それに対する「新たな分析」を行った内容は価値がある。樺島忠夫氏は、さらに次のように示す。

　　すでに知られていること、説明がついている事実・出来

事に対して、新しい解釈・見方・考え方を提出し、それによってはっきり分かってくることや新たに生じる問題を示すことも価値がある。

　先の入試問題、特に大学入試に対しても、周知の結論を出すことも可能であろうが、それでは評価されないであろう。おそらく、学習指導要領の「課題を探求」することが要求されているはずで、そこには「独自の新しい視点」が必要となってくる。大学生においては、学術論文というものを想定すればいい。研究者が参考文献を列挙したり、他の論文を引用したりするのは、先行研究とその研究がどう違うかを明確にするためである。

　その「あまり知らない知識」とは、例えば、「情報そのものの新しさ」が求められよう。先の例文の「中心街の空洞化」について新しい情報を示すと、例えば、それは、

　　全国の県庁所在地で路線価とオフィスビルの空室率がワースト１である。

などであろう。前橋におけるビルの空室率について、平成24（2012）年２月２日の読売新聞には、次のように記されている。

　　08年秋のリーマン・ショック以降、企業の前橋支店は次々と閉鎖。関東の支店は埼玉の大宮までにとどめる

ケースが多いという。

　辛うじて県内に支店を残している企業も新幹線の駅がある高崎市に移転している状況で、この責任者は「企業が前橋に事業所を置く意義が薄らいでいる。現在の経済情勢では、この流れに歯止めが掛からない」と、厳しい見方を示す。

これらの「あまり知られていない情報」を織り込むと、次のようになろう。

> 　首都圏の水源として重要な役割を有する利根川や広瀬川が流れている前橋は自然豊かな街であるとともに、詩人の萩原朔太郎をはじめとする文人とゆかりがあって、文学的にも著名な街である。ただ街中の商店街は休日でも行き交う人がそれほど多くはない。最近はさらに郊外に商業施設が増えてきて、今後、市街地の空洞化はますます進んでくる。
>
> 　前橋は全国の県庁所在地で路線価とオフィスビルの空室率がワースト１である。08年秋のリーマン・ショック以降、企業の支店が次々と撤退した。関東の支店は埼玉の大宮までにとどめるケースが多いという。県内に支店を残している企業であっても、新幹線の駅がある高崎市に移転している。これらは市政がその対

> 策を怠ってきたからである。産業を優先させて、高齢者や若年層の生活環境を考えてこなかったからである。

第5節 「具体的である」ということ
―「現実感」ということ―

　一つの論文に、多くのことが盛り込まれるということは、その論が抽象的になってしまっているということでもある。抽象的な論文も読者に実感を起こさせない。抽象的な文章を戒めている文章指導書も多い。辰濃和男氏は「新聞の記事では「具体的な事実」は命です」として、新聞以外の文章にも、

> ものごとを具体的に見る訓練をしておくことは、日々の暮らしであれこれの判断をするときに役立つ、と私は思っています。具体性を大切にすることは、ものを見る力を鍛えることであり、ものを見る力を鍛えれば鍛えるほど、それは文章の質に反映してきます。

として、考える基本を養うとする (注1)。樺島忠夫氏は、

> われわれ多くの人間が共通に持っている経験・知識は、

日常生活に関わるもの、視覚・聴覚によって日常に捉えている具体的なものである。そこで、文章を書くときに、出来るだけ具体的なものに託して述べるようにする。

とし(注2)、本多勝一氏も、

　　　特殊な分野の専門家とか観念の遊戯が好きな高等遊民的知識人などは別として、一般の人は遠い世界のことよりも身近なことに、自分に関係の薄いことよりも直接関係のあることに、抽象的なことよりも具体的なことに高い関心を抱いている。文章によって他人に訴えるとき、これは留意すべき重要な原則といえよう。つまり同じ内容を訴えるなら、できるだけ関心のより高いものを材料にすべきだ。

とする(注3)。どれも「具体的」であることは、我々の日常生活の関心事や思考の過程であることを前提にしている。

　学生が書く小論文には、この「具体性」に欠けていることが多い。つまり抽象的な表現が目に付く。抽象的なことしか書けないから、つい論が大きなものになってしまう。先に示したごとく問題提起で一つの事柄に絞ったとしても論が深まらないのは、その展開において抽象的な表現に終始してしまうからである。

　エピソードや実例であってもいいが、最も有効な具体的資

料はデータである。そのデータを示しながら、総括した論を展開していくことが必要となる。

　先の文章において、

> 　前橋は全国の県庁所在地で路線価とオフィスビルの空室率がワースト1である。08年秋のリーマン・ショック以降、企業の支店が次々と撤退した。関東の支店は埼玉の大宮までにとどめるケースが多いという。県内に支店を残している企業であっても、新幹線の駅がある高崎市に移転している。

という記事を参考にした現状については「具体的」であるが、

> これらは市政がその対策を怠ってきたからである。

という問題点にはやはり「具体性」に欠ける。そこで、これまでの市政について調べる必要がある。前橋市は、平成23（2011）年4月から平成28（2016）年3月までの5ヵ年をかけて、前橋市の「中心市街地活性化基本計画」を立ち上げたが、その「計画策定の主旨」には、次のようにこれまでの市政についての反省が記されている。

　平成16（2004）年12月から平成17（2005）年7月にかけ

て行った、「まちづくりにぎわい再生計画」による報告を受け、平成17（2005）年11月に旧計画を改訂し、新たな取り組みを進めてきましたが、中心市街地の空洞化に歯止めが掛かっていないのが実状です。

さらにこの「まちづくりにぎわい再生計画」には、

- 撤退した百貨店リヴィン前橋店跡や広瀬川河畔など5地区を拠点整備地区として再開発。
- Jリーグチーム「ザスパ草津」のサポーターらが集う店の開設や仮想商店街の立ち上げ。

などが挙げられた。
　これを先の文章に組み入れると、次のようになる。

>　首都圏の水源として重要な役割を有する利根川や広瀬川が流れている前橋は自然豊かな街であるとともに、詩人の萩原朔太郎をはじめとする文人とゆかりがあって、文学的にも著名な街である。ただ街中の商店街は休日でも行き交う人がそれほど多くはない。最近はさらに郊外に商業施設が増えてきて、今後、市街地の空洞化はますます進んでくる。
>　前橋は全国の県庁所在地で路線価とオフィスビルの

空室率がワースト１である。08年秋のリーマン・ショック以降、企業の支店が次々と撤退した。関東の支店は埼玉の大宮までにとどめるケースが多いという。県内に支店を残している企業であっても新幹線の駅がある高崎市に移転している。

　「まちづくりにぎわい再生計画」による報告を受けて、撤退した百貨店リヴィン前橋店跡や広瀬川河畔など５地区を拠点整備地区とした再開発や、Ｊリーグチーム「ザスパ草津」のサポーターらが集う店の開設や仮想商店街の立ち上げなどの新たな取り組みを進めてきたが、中心市街地の空洞化に歯止めが掛かっていないのが実状である。これらは市政がその対策を怠ってきたからである。産業を優先させて、高齢者や若年層の生活環境を考えてこなかったからである。

第６節　「分析する」ということ
―「論理的」ということ―

　伝える情報として単にそれぞれの「考え」や「事実」を示すだけならば、箇条書きで済むはずである。ただそれが一文だけでは納得してもらえないようなときには説明が必要とな

る。そのときに「文章」という形を取る必要が生じる。先に、小論文には「一つのこと」を書くとしたが、それは「具体例」を挙げたりして、それだけの論拠が必要だからである。そのような文章は「分析」されたものであるはずで、それを論述するためには「論理的」である必要がある。

「分析する」とは、第一にまず「現状」を「分析する」ことである。「現状」とは「現在」より前に起こったことの集積であるからである。つまり、「現状」とは「過去の集積」と言ってもよい。

学問分野で区分けすると、「過去」への「分析」は文学系の学問に近いと思われる。例えば、古典の文学作品の位置づけは、必ずしも「未来への分析」である必要がなく、「過去の分析」で終わる場合が多い。古典の文学作品の分析が、一体、現代社会にどのように役に立つのかなどという理由で、絶えず研究をしている人は多くないはずである。理科系の学問の多くも、既に存在している自然界の現象を見出すときは、それは過去を「分析」するということになる。

この「過去の分析」の対極が「未来への提案」である。むしろ「過去の分析」が正しくなされないと、「未来への提案」は効果的なものではなくなってしまう。現代社会に密接している医学や経済学や工学や社会学は「現状」および「過去」の「分析」の上に、この後の社会がどのように進んだいいのかを「提案」することが加味される場合が多い。

例えば、実はアルコールにはＬＤＬコレステロール（悪玉

コレステロール）値を下げる効果があったという。その「分析」の上に、だから健康相談においてアルコールの適量をどうやって周知させ、予防させるかという「提案」があるだろう。工学においては、水素には新たなエネルギーになることが分かったという。その「分析」の上に、水素自動車はどのように開発することが効果的かという「開発」つまり「提案」がある。

　実は文学者には意識している人は少ないかもしれないが、古典の文学作品に対する「分析」も、現代社会においてどのように進んで行ったらいいのかを「提案」する材料になる。大雑把に言うと、例えば、日本古典作品にいかに深く儒教思想が浸透しているかを「分析」することによって、それらの幾つかの事項は現代社会にもなお息づいていることが分かり、それを踏まえることによって、現代社会における人間関係修復の提言、つまり「提案」ができるということだって少なくはない。

　総じてまず「分析」が初めにあって、その次に「提案」があるはずである。つまり次のようになる。

　「分析」→「結果」→「提案」

このうち、先に文学系の研究について言ったごとく、

　ア　「分析」だけに終わる論文

もあるだろう。また、

　　イ　「分析」した結果、とりあえず「提案」を一言で示
　　　しておきたいという論文

もあるであろう。一方、ほぼ「分析」が自明のときは、

　　ウ　「分析」を簡単に示して「提案」に力点を置いた論
　　　文

もできるであろう。さらに、

　　エ　「分析」も論じ、「提案」も論じる論文

もあるだろう。

　程度の差こそあれ、どの場合においても、問題の「分析」から出発することは間違いない。現状に対する正しい「分析」がないままの「結論」は危うい。学生が自ら主張したいことを考えた次に直面しなければならないのは、その主張が「社会のなかでどのような位置にあるか」ということを「分析」することである。社会性を持たない主張は受け入れられないからである。

　先の文章における空洞化の原因には、

- 駐車場が少ないので、車での買い物が不便。
- 高校や大学の移転によって若者が減った。
- 郊外に大型ショッピングセンターができて客を取られた。

などが挙げらえる。

　さらには、都市の空洞化は東北財務局・東北経済産業局・東北農政局・北陸農政局で構成されている「東北地方コンパクトシティ検討委員会」によると、

　「人が集まるコミュニティの場としての役割」
　「まちの顔としての象徴性」
　「文化を継承する役割」

などの問題が生じるという。

　またさらに「まちづくりにぎわい再生計画」のうち、百貨店の跡地には、「元気２１」という公民館を含む公共の施設が移転してきて、その一階にはスーパーが入っているが、アーケードのある商店街には依然として人は集まらないというのが現状となっている。つまり閑散とした街中の一戸のビルだけが、ときおり人が集まっているだけである。商店街に賑わいが戻ってこないかぎりは街が活性化したとは言えない。

　さらにはその「元気２１」にはＪリーグチーム「ザスパ草津」のグッツが置いてある店が入っているが、人の出入りも

まばらである。これはJリーグチーム「ザスパ草津」の人気が高まらないという原因が挙げられる。

以上の原因の分析をさらに文章に組み込むと、次のようになろうか。

> 首都圏の水源として重要な役割を有する利根川や広瀬川が流れている前橋は自然豊かな街であるとともに、詩人の萩原朔太郎をはじめとする文人とゆかりがあって、文学的にも著名な街である。ただ街中の商店街は休日でも行き交う人がそれほど多くはない。最近はさらに郊外に商業施設が増えてきて、今後、市街地の空洞化はますます進んでくる。
>
> 前橋は全国の県庁所在地で路線価とオフィスビルの空室率がワースト1である。08年秋のリーマン・ショック以降、企業の支店が次々と撤退した。関東の支店は埼玉の大宮までにとどめるケースが多いという。市街地が空洞化した原因は、駐車場が少ないので、車での買い物が不便であること、高校や大学の移転によって若者が減ったこと、郊外に大型ショッピングセンターができて客を取られたこと、などが挙げられる。県内に支店を残している企業であっても新幹線の駅がある高崎市に移転している。
>
> 人口が郊外に移動しただけならばいいが、それは

> 「人が集まるコミュニティの場としての役割」「まちの顔としての象徴性」「文化を継承する役割」がなくなるという指摘がある。「まちづくりにぎわい再生計画」による報告を受けて、平成17年11月に旧計画を改訂し、撤退した百貨店リヴィン前橋店跡や広瀬川河畔など5地区を拠点整備地区とした再開発や、Ｊリーグチーム「ザスパ草津」のサポーターらが集う店の開設や仮想商店街の立ち上げなどの新たな取り組みを進めてきたが、中心市街地の空洞化に歯止めが掛かっていないのが実状である。これらは市政がその対策を怠ってきたからである。産業を優先させて、高齢者や若年層の生活環境を考えてこなかったからである。

第7節 「未来を描く」ということ
―「創造する」ということ―

　つまりすべての「分析」は「未来への提案」のためにあるといえる。先に「批判」をするということを示したが、ある集団のなかでの「不満」をぶちまけることはそれほど難しくない。怒りを出せばすむからである。ただし会議においてみんなが「不満」ばかりを言い合っていたならば、議論は深ま

らないはずである。だからその問題を正当なことと認めた後は、その問題をいかにしたら「解決することができるか」を模索することが必須となってくる。

　高等教育機関の学生には、この「解決する能力」、もしくはその「解決策」を「提案する能力」が備わっていなければならない。中央教育審議会における平成17（2005）年1月28日に出された「我が国の高等教育の将来像」の答申では、

>　21世紀は、新しい知識・情報・技術が政治・経済・文化をはじめ社会のあらゆる領域での活動の基盤として飛躍的に重要性を増す、いわゆる「知識基盤社会」（knowledge-based society）の時代であると言われている。

として、「知識基盤社会」が強調されている。その上で、

>　「知識基盤社会」においては、新たな知の創造・継承・活用が社会の発展の基盤となる。そのため、特に高等教育における教育機能を充実し、先見性・創造性・独創性に富み卓越した指導的人材を幅広い様々な分野で養成・確保することが重要である。

として、「知識基盤社会」に対応するために「新たな知の継承・活用が社会の発展の基盤となる」とし、「先見性・創造

性・独創性」を指摘する。まさに「提案」である。

　平成17（2005）年9月5日の「新時代の大学院教育―国際的に魅力ある大学院教育の構築に向けて―」の答申では、「1、大学院に求められる人材養成機能」とすることにも、

　　今後の知識基盤社会において、大学院が担うべき人材養成機能を次の四つに整理し、人材養成機能ごとに必要とされる教育を実施することが必要である。

として、やはり「知識基盤社会」が強調されており、その具体的な方向として、

　　創造性豊かな優れた研究開発能力を持つ研究者等の養成

が筆頭に挙げられている。

　これは企業側の要望とも一致している。時は前後して「社団法人経済同友会」の教育問題委員会委員長浦野光人氏（ニチレイ取締役社長）の「教育の視点から大学を変える―日本のイノベーションを担う人材育成に向けて―」と題する「提言・意見」（平成15〈2003〉年3月1日）では、これからの社会で求められる力とは、「社会の中で自らの能力を活かし、挑戦するための基礎となる力や意欲など」とした上で、

　　知識や情報を吸収することは重要だが、その量ではなく

> てむしろ情報・知識を適切に活用する洞察力、新たな価値を創出する力、他者と協働する力が重要になってくる。

として、「知識を活用する洞察力」であり、「新たな価値を創造する力」であり、それを「他者と協働」して運用していくこととする。このことはどの職場においても共通すると考えられる。この「開発力」こそが団体に新たな展開や利益を生むからである。

本多勝一氏には「策」についての言及がある。本多氏は詳細な叙述方法について解説した後、具体的事実について触れ、

> このように具体的な事実を書いて、そのあとで交通故事の現状がどうなっているか、その救済にはどういうことをすべきかを、やはり具体的な書き方で訴えてゆく。

とする（注1）。ここで問題にしたいのは、「交通故事の現状がどうなっているか」「その救済にはどういうことをすべきか」とある二つのうちの後者である。ただし、同書ではそれ以後は深められていない。木下是雄氏『理科系の作文技術』は「若い研究者・技術者と学生諸君」を対象としており、新たな「提案」は大前提で、それをいかに事実に基づいて書くかということを強調する。ただし、やはりこの書においてもその「提案」の仕方が展開されているわけではない。

これまで「考え」「一つのこと」「批判」「新しい内容」「具

体的」「分析」というそれぞれの事項について他の作文指南書を引用しながら示してきたが、この「未来を描く」ということを示し、その方法について示した書は少ない。そしてこの「未来を描く」ということが小論文において最も大事なことで、そのことを示し、論じることが、実は本書の最大の目的である。

　高等教育にその「未来を描く」ことが特に望まれているのであるから、それ以前の教育もそこに集約していかなければならない。実は、高校入試の小論文問題においても、未来に対する提案を求める次のような問題がある。

　　山形県　「将来大人になったときに、どのような大人で
　　　　　　ありたいと思いますか」
　　三重県　「環境を守るために私ができること」

　山形県も三重県も個人についてのことなので、感想に走ることも可能であるが、根拠を示して客観的に論じると、今後あるべき日本人像になっていく。調査したなかで、そのことに最も即した設問は次の徳島県だった。

　　徳島県　「環境問題の解決には、リサイクルのほかにも、
　　　　　　さまざまな取り組みが必要である。（中略）環
　　　　　　境に対するあなたの考えを＜条件＞A〜Dに
　　　　　　したがって書きなさい。

参考資料として示された、

　　ア、物を大切にする知恵で「ごみゼロの社会」を目指しましょう。
　　イ、私たちの誇りである「清らかな水と豊かな緑」守りましょう。
　　ウ、県民みんなが「環境にやさしい暮らし」を心がけましょう。

という三つの憲章がそれぞれ心に訴えかけるものであることが気になるが、「必要である」「取り組み」に対する「あなたの考え」となると、それは「政策の提案」ということになる。
　このような「提案」を求める大学入試の小論文試験も見られる。次のごとくである。

　　慶応大経済　「説得的な反論を加え、その上で、そうした問題を解決するのにどのような対策を社会的に講ずることが望ましいのかを模索しなさい」
　　北里大医　「「歴史的な転換期・変革期に再構築すべき教養」という題で小論文を作成しなさい」
　　上智大教育　「あなたの理想とする教育の方法について説明しなさい。その理由についても述べなさい」

津田塾大国際関係　「文章の著者は、このよう状況は変えることが出来ると考え、様々な問題提起をし、それらに対する解決策を模索している。あなたならどのような問題があると思うか。問題を１つ提起し、それを解決するための方法を述べなさい」

津田塾大情報科学　「携帯電話の利用についてはさまざまな問題がある。問題点を１つ選び、その解決方法を日本語で述べなさい」

東洋大社会　「元気な人を応援し、より活躍できるように支援するには、①どのような「考え方」をしたらよいか、②その考えを推進し、実現するためにはどのような「具体的方策」が考えられるか、③それが実現した時には、どのような効果が期待できるか。以上の①〜③にわけて「考え方」「具体的方策」「効果」の見出しをつけ、まとめよ。

　高等教育での卒業研究というものも新たなる成果を発表する場であるし、その卒業研究を終えた短期大学生や高専生が受けるところの編入試験の問題も次のごとくある。

神戸大農学　「農業問題の解決にどのような貢献」
群馬大社会情報　「人が他者に何ごとかを伝えようとす

るときの困難さへの対処」
富山大言語学 「英語を第二公用語とするべきだとする議論」

　これらはみな未来に向けた「開発能力」を試している。就職活動時の「志望理由」にしても、そこには「将来の展望」を書くはずで、さらには、社会における問題解決において重要なことも、「善後策」であることは言うまでもない。
　つまり小論文とは、

　　１-①　問題を見つけ
　　　②―Ａ　それが独創的なものであるか

あるいは、

　　　②―Ｂ　それが未来に対する提案になっているか

を確認しながら、

　　２　表現を考えながら文章化していく

というものである。これに加えて先に示した「考え」「一つのこと」「批判」「新しい内容」「具体的」「分析」の全てが含まれている必要がある。それぞれの分野のなかで、これらに

向かって推敲し、さらに議論しながら、すり合わせていく小論文こそ、学生に求められている文章なのである。

a 「社会の未来」を描くということ─「善後策」を示すということ

　まず「提案する」ということだけに焦点を当てて、実現しなさそうでも論理的に提案をしてみるということが大事である。大学生であるのならば、社会問題に対する提案が有効であろう。

　先の例文でいうならば、街の空洞化に対する現状や市政への批判は書かれているが、ではどうすれば、商店街が活性化されるのかが書かれていない。この問題を解決することが最大課題となる。

　中心商店街が活性化しないのは、若者が集まらないからである。ということは若者を中心とした、あるいは若者の考えを反映させた活性化が有効となる。若者に焦点を絞った文章を示すと、次のようになろうか。

　首都圏の水源として重要な役割を有する利根川や広瀬川が流れている前橋は自然豊かな街であるとともに、詩人の萩原朔太郎をはじめとする文人とゆかりがあって、文学的にも著名な街である。ただ街中の商店街は休日でも行き交う人がそれほど多くはない。最近はさ

らに郊外に商業施設が増えてきて、今後、市街地の空洞化はますます進んでくる。前橋は全国の県庁所在地で路線価とオフィスビルの空室率がワースト１である。08年秋のリーマン・ショック以降、企業の支店が次々と撤退した。関東の支店は埼玉の大宮までにとどめるケースが多いという。市街地が空洞化した原因は、駐車場が少ないので、車での買い物が不便であること、高校や大学の移転で若者が減ったこと、郊外に大型ショッピングセンターができて客を取られたことなどが挙げられる。県内に支店を残している企業であっても新幹線の駅がある高崎市に移転している。

　人口が郊外に移動しただけならばいいが、それは「人が集まるコミュニティの場としての役割」「まちの顔としての象徴性」「文化を継承する役割」がなくなるという指摘がある。「まちづくりにぎわい再生計画」による報告を受けて、平成17年11月に旧計画を改訂し、撤退した百貨店リヴィン前橋店跡や広瀬川河畔など５地区を拠点整備地区として再開発や、Ｊリーグチーム「ザスパ草津」のサポーターらが集う店の開設や仮想商店街の立ち上げなどの新たな取り組みを進めてきたが、中心市街地の空洞化に歯止めが掛かっていないのが実状である。これらは市政がその対策を怠ってきたからである。産業を優先させて、高齢者や若年

> 層の生活環境を考えてこなかったからである。
>
> 　中心街の活性化には若者を中心とした活性化が必須条件となる。実は中心商店街には組合があってそこには理事長も置かれたが、青年部は存在しなかった。この商店街青年部を立ち上げることが第一歩であると考える。
>
> 　青年部は商店街の各店舗から後継者を出してもらう必要がある。商店街の全体の意見を反映するためである。その青年部に街の活性化について話し合ってもらって、それを商店街組合の理事会にかけて、さらに議論してもらう。若者の発想は重要であるが、時として若者の発想が奇想天外なものであって、それが商店街全体に悪い影響を結果として与えないためである。その青年部らの発案された案を、理事会で練って、その上で一つ一つ実行していくことが先決であると考える。

　この解決策がさらに展開されていけば、前半における街の説明はさらに最小限に削ってしまってかまわなくなる。

b　「自己の未来」を描くということ

　「提案する文章」というのは、「未来に向けた文章」である。「これからどのようにすべきかを提案する」ということであ

る。大学生個人にとって、この「未来に向けての提案」としての最たること、あるいは最も重要な「未来」は、「自らの未来」である。「自らの未来」において最も切実で、しかも最も身近な問題は「自らの進路」であろう。学生が社会に出るときの面接、例えば、就職活動における会社訪問では、この「未来」を語ることが必要である。その会社に入って、第一に「何」をしたいのか。人事担当はそのことを聞きたいはずである。

　学生が進路を決める前にまずこのような点に立って、「自己推薦文」を書いてみるということは、自分の進路を再認識する、あるいは見つけ出すのにとても大切なことである。

　まだ「具体的な職種」や「社会での課題」を持てない学生もいるだろう。ただし、書くということは、単に考えを文字化するということではない。「新たな考えを引き出すこと」であり、「考えを整理させてくれる作業」なのである。まず書かなければ始まらない。書いて、それでやっぱり、それを望んでいなかったならば、少なくとも自分のなかから一つ選択肢が減ったことなる。そうであったとしても、それは書いた甲斐があったということである。

　さらにはどんな職種であっても「論の骨格」さえ確かなものにしておけば、またそこに「別の職種を当てはめて考えること」も可能となる。

　この自らの人生設計を「将来に対する提案」として、自分自身に向かって書いてみるのである。

その骨格とは、先の「提案」を基本とする。それは就職先においての「提案」である。それは、まず、

　① その職種において自分がどのようなことをしたいか

である。それは、可能であれば、

　①―1　社会にどのような貢献が出来るか

という視点から論じることが望まれる。なぜならば、多くの場合、就職して働くということは、「食い扶持を探す」ということより、

　社会に貢献する

ということであるからである。このことを働くことのモチベーションとして考えている人は決して少なくはないはずである。しかもそれは、「便利になる」ということよりも、

　①―2　社会の幸福のためにどのような貢献が出来るか

というような方向がよい。既に、現代社会は「便利」や「速い」ということだけでなく、それが地球や人間にどのように優しいかを論点としているからである。例えば、自動車開発

では、自動車の「速度」や「快適さ」が求められるだけでなく、現代は既にどのように「地球環境」に良いかの段階に入っている。

　もちろん、このような社会に対する人道的な動機だけでなく、自己の欲求によって、就職を考えている人は多いし、そうであってもなんら悪いことはない。例えば、

　　楽しいから

とか、単に、

　　給与が高いから

という理由でも本当はかまわないし、本来はそこから出発しているはずである。

　ただ仕事が一番「楽しい」と考えている人はどれくらいいるであろうか。「楽しいこと」ならば、「映画を見る」とか、「ぼーとしている」ことのほうを優先する人は多いはずである。就職活動のときの志望動機というものは、「生きるために仕事をしなければならない」という制約のなかでの話である。

　「生きるために」と考えたときにも、「お金のため」といえるであろうか。そもそも「金儲け」を目的にしている企業がどれだけあるであろうか。その組織が大きくなればなるほど、

企業の経営者は、「社会的な責任や使命」を持っているはずであるし、そのようなことを理念として掲げているはずである。そうした企業へ面接に行ったときに、「金儲け」という理由だけで押し切れるとは思えない。

つまり、用意するだけでもいいから「社会的な課題」を考えておく必要がある (注2)。

次にその就職をして、企業に貢献するためには、自分は、

② どのような準備をしてきたか

を書く必要がある。この順序は、②から①でも、①から②でもかまわない。ただし、関連性だけは必要である。しかも職種に関連することである。だから「部活に入って人間性を磨いた」とか「様々な経験を積んできた」といった誰でも書ける内容ではだめである。しかも「その職種に関係する授業をとっていた」とか「とても興味があります」などでもなく、

③—1 具体的に何をどこまで考えたり、実験したりしてみたか

である。それは現段階の卒業研究のレベルであって、それ以前の小さい頃の興味やエピソードは出来るだけ最小限に留める必要がある。その人物が本当にそのことに興味を持っているかとか、そのことに取り組めるかは、いかにその内容に対

して、緻密に論理立てているかを見れば、自然と分かってくるからである。

ⅰ　エントリーシートの書き方

つまり、「社会の未来を踏まえた自己の未来」とは職業選択のときに書くエントリーシートの項目に当てはまる。企業に提出するエントリーシートにしても、未来を描かなければならない。しかも、その際に実際にその企業で何を行っているかを踏まえて、未来を描かなければならない。

ⅰ－ⅰ　志望動機

多くのエントリーシートが次のような項目を有している。

> あなたが当社を望した理由を教えてください。

先の中心商店街の活性化を考えるという課題を持つ職業は商店街の店主であろう。あるいは街の活性化を行政から考えていくとするならば、地方公務員がそれに当てはまるであろう。つまり前橋市役所の採用試験に向けてのエントリーシート作成ということになる。それは次のようになろうか。

> 志望理由は、市を活性化したいと考えたからです。

第7節「未来を描く」ということ 73

> 現在、前橋の中心商店街は空洞化現象で閑散としています。県庁所在地としては、街の顔が見えなくなっていますし、このままですと文化の継承も危ぶまれます。私は市の職員として、この活性化に携わっていきたいと考えます。

ⅰ—ⅱ 「コンピテンシー」という未来
一方で、

> あなたにとって、これまでの人生最大の挫折とはなんですか。またそのときにどのように感じてどのように行動しましたか。

というような個人的な経験を問われることがある。これは「過去」のことであると考えがちであるが、実はこれも「未来」を見られている。「コンピテンシー」といって、

> 過去の出来事をどう捉えていて、それにどう感じて、さらにそれに対してどう行動したかを聞くことで、その人の人間性を見出す。

というもので、それが、

将来における行動に当てはまる。

と考えるのである。この質問は「人生最大の挫折」とあるから、出願者が何をもって「人生最大」と考えているかを見ることができよう。それがとってもちっぽけなことや人道に反することであったならば、減点の対象になると考えられる。

　ただ「コンピテンシー」の観点からは、例えば、過去の出来事に対してとった行動によって「成功した否か」は問題とならない。例えば、「学生時代に最も印象に残った出来事」などを書かせて、

- 部のみんなで力を合わせて、ベスト8に入った。
- クラス全員が協力して文化祭の企画を成功させた。

などというきれいな思い出は誰にもあるはずで、そこから人間性は現れにくいからである。あるいは、このようなことはいくらでも嘘がつけてしまうからである。というよりむしろ、うまくいったように嘘をついても、過去の出来事への嘘は突き詰めると、ばれてしまうものである。

　我々の生活の多くは失敗の連続であって、本当の人間性は困難なときに現れると考える。それが自身の取った行動によって、失敗した事例であっても、あまり問題ないわけである。だから、

どのような行動を取れたか。

について、さらには、

　善後策をどのように決めたか。

という点に注意しなければならない。つまり、

　頑張って、ひとりで決めた。

のではなく、

　みんなの意見を集約した。

というような「公共性」や「リーダーシップ」が発揮できたかなどが重要になる。あるいは、それが「学生では手に負えないような出来事」であると考えられる事例ならば、

　学生同士で話し合いました。

というような答えは「社会的判断」としては不適当になってきて、むしろ組織のなかでどのように行動したかという、

　教員に報告した。

というような行動が「適応性がある」と判断されることになる。これはむしろ、

　　教員に叱られるのを覚悟で公表する勇気を持っていた。

と判断されるし、自分たちで手に負えない事柄を、評価が下がったとしても、ちゃんと報告する人物であるとみなされる。新人を教育する側にとっては、失敗は初めから予想されているはずで、むしろプライドや見栄で勝手に行動されてしまう方が、問題を大きくしてしまうのである。報告することができるということは、入社しても社員と「協調性」をもって行動してくれる人間であるとか、事実を隠蔽しない「誠実さ」を物語っているのである。

むすび

　小論文はまず「考え」を書かなければならない。さらに公表する文章は、「新しい内容」でなければいけない。それは「ほぼ新しい内容」でいい。その「新しい内容」であるということは、現状からは気づいていない事項であって、それは、必ず現状に対する「批判」になる。それは「批判」の対象がはっきりしているときもあるが、対象がはっきりしていない

ときもある。その「批判」した文章であっても、過去において行われてしまったことで、もう既に同じような事態は起こらないことであるならば、公表する必要はない。さらにそれは、「一つに絞られている」必要がある。「具体的」でしかも「分析」された文章とは、論点が必然と「一つに絞られている」ものになるからである。高等教育機関での学生への課題、さらに彼らが社会で必要とされる能力を鑑みると、それは、「過去」を印象的に表現することではなく、「未来」に向けて「何をしなければならないか」という「政策」「戦略」であり、さらにそれはやはり「独創性」を持ったものでもあるべきなのである。だから公表する必要を有する文章にとって、有意義な文章とは、「未来においてどのようにあるべきか」といった「善後策」を示すことである。それが自己の問題を対象とするならば、「自己推薦文」になるであろうし、社会を対象とするならば、「社会問題を扱った小論文」となる。

　ぞれぞれの大きさが違うが、次のような図式になろうか。

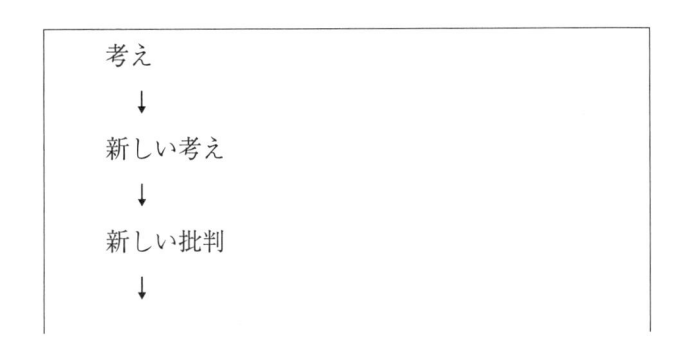

```
考え
　↓
新しい考え
　↓
新しい批判
　↓
```

> 新しい論点を一つに絞った批判
> ↓
> 新しい論点を一つに絞って具体的に書かれた批判
> ↓
> 新しい論点を一つに絞って具体的に分析された批判
> ↓
> 新しい論点を一つに絞って具体的に分析された提案

小論文はつまり、

　　新しい論点を一つに絞って具体的に分析された提案

という内容を有する必要がある。「よい文章とは、よい論理を有する」という考えに立てば、まず問題を自ら見出して、それに対して、新しい提案を論理的に構成してみることなのである。味気ない表現であってもいいから、それを箇条書きにすることなのである。そして、最後にそれを単純に合わせ、接続や単語を整えただけで、「簡潔な文章」となるのである。

　これだけ国際化を遂げた日本において、教育機関においても、以上のような「善後策」を構築する能力育成が、意識的に目指されなければならないときにそろそろ来ているのである。

第 3 章　論を構築するために

はじめに

　では、その「分析された新しい反論や提案」とはどのようにしたら生み出すことができるであろうか。あるいは、その論が、社会的にバランスが取れたものであるということをどのようにしたら確認できるであろうか。書くべきテーマ、つまり対象に対する問題が決まっていて、それに対して、自己の分析、さらには反論や改善策を提案するためには、材料とそれを構成していく論理的な思考方法が必要となるはずである。その点において、「資料の集め方」「思考方法」「発想手法」を示してみたい。

第1節　資料収集―インターネットの活用

　より効果的な内容を導き出すためには、より効果的な材料が必要になる。材料を集めるためには、図書館で参考図書を利用することや、さらには、フィールドワークとして、「調査」や「アンケート」をとることなどが重要である。ただ確かなデータと言わずも、発想やアイディアを借りるだけなら

ば、現在では、インターネットを活用することも効果的である。

1 サイト

インターネットには様々なサイトがある。そもそもサイトにしかない情報もあって、それを閲覧ことができる。その情報は膨大であって、さらにその膨大な情報はデジタル化されているので検索することもできる。

ア ポータルサイト

インターネットの入り口となる Web サイト。検索エンジン・ウェブディレクトリ・ニュース・オンライン辞書・オークション・メールサービスなどのユーザがインターネットで必要とする機能を多くは無料で提供している。代表的なものを以下に挙げる。

① Yahoo!
 世界の約20の国や地域での言語によるサービスを提供している。リンク集だけでなく、ニュース速報や株価情報・メール・チャット・電子掲示板・ネットオークションなども提供している。
② goo
 検索エンジン・ニュースなどの情報サービスやフリーメールやブログなどのネットサービスなどで構成され

る。
③ infoseek

　検索エンジン・ニュース・テレビ番組表・ブログ・楽天レシピ・辞書・翻訳・地図・路線情報・メール・求人などがある。

④ excite

　メール・ブログ・翻訳（翻訳した文を「再翻訳」するという新機能が追加されている）などがある。

⑤ MSN

　メール・チャット・ブログ・全文検索・地図などがある。

　これらのサイトのウェブディレクトリは、情報のデータ構造が必ずツリー構造を成しており、検索エンジンを用いなくとも、目的とするカテゴリにたどりつけるようになっている。例えば、「goo のサービス」は次のようになっている。

　　調べる　　ニュース・テレビ番組・教えて！・天気・地図・路線・日経 goo・辞書・旅行・郵便番号・Wiki 事典・タウンページ

　　暮らす　　住宅＆不動産・自動車＆バイク・グルメ＆レシピ・求人＆転職・恋人探し・恋愛・ベビー・結婚式場・からだログ・ダイエット・健康・タウンガイド・マスターズ・ペット・保険・エコ情報

学ぶ	マネー・キッズ・進学＆資格・ビジネスコラム
楽しむ	スポーツ・懸賞・映画・アニメ・動画・音楽・ゲーム・ランキング・動画投稿・写真共有・大相撲・占い
買う	ショッピング・オークション・デジタル家電・ダウンロード・クチコミ＆評判
使う	回線速度・口座管理・アンケート・RSS作成
ソフトウェア	RSSリーダー・ツールバー

イ　オンライン辞書サイト

　インターネット辞書は、特に横断検索ができて、さらに更新されるものもあるから、同時代の用語や情報も含めて検索することができる。以下のものが便利である。

① Infoseek マルチ辞書

　辞書・辞典を総合的に検索することができる。項目は、辞書・百科事典・現代用語・人名・ビジネス・デジタル・生活・趣味・社会・職業・学問があって、このうち辞書には「デジタル大辞泉小学館」「プログレッシブ英和中辞典（第4版）小学館」「プログレッシブ和英中辞典（第3版）小学館」がある。他に「知恵蔵2011」「朝日新聞掲載キーワード」が収録されている。

② ウィキペディア
インターネット百科事典で、コピーレフトなライセンスの下、誰もが無料で自由に編集に参加できる。世界各地の言語で展開されている。

③ Yahoo! 百科事典
日本大百科全書（小学館）が無料で使える。毎月新項目やマルチメディアデータが更新される。

④ はてなキーワード
キーワードへのリンクが自動的に作成される。一般的でない用語や最新の流行語も対象とされている。

ウ　データベースサイト

ウェブ上のウェブページは表面的である。検索されるのはこの表面のデータである。その深層にデータベースがあって、データベースサイトは、そこに入らなければ検索できないデータを有している。深層ウェブ（Deep Web）の大きさは、表層ウェブ（Surface Web）の大きさの約550倍とも言われているが、この深層ウェブの一つがデータベースである。例えば、以下のものが有用である。

① イミダスeライブラリー
会員制で、『imidas SPECIAL 日本の針路　世界の行方』『imidas SPECIAL 世界と日本の地勢を読み解く 時事力』を購入するか、『ケータイ版イミダス』に有料登録

すると利用することができる。その「サイト内コンテンツ一覧」は、「イミダス用語検索サービス」「ニュースの言葉」「話題の人」「今を読む！時事・トレンド解体新書」「今日は何の日？／今日生まれの人／今日の事件簿」「世界の国・地域のデータ」「47都道府県データ」「世界史総合年表」「もの知りミニダス雑学事典」「日本国憲法」「ファッション用語」「新語・流行語」などである。

② ヨミダス　ヨミダス歴史館

明治7（1874）年の創刊から現在までの「読売新聞」記事が検索・閲覧できる。近現代史の研究や世相の移り変わりや日本語の変遷などを探ることができる。明治から昭和に至るまでの読売新聞紙面・明治19年（1886）からの読売新聞記事テキスト・明治22年（1889）からの英字新聞テキスト・人物データベースが利用できる。最近の読売新聞記事は、「切り抜きイメージ」で見ることができる。

ヨミダス文書館

明治19（1886）年9月からの「読売新聞」と明治22（1889）年9月からの「The Daily Yomiuri」を収録した新聞記事データベース。最近の「読売新聞」記事には「切り抜きイメージ」を付加し、カラフルな紙面を見ることができる。日本語や英語の言葉がすぐに調べられる「国語・英和・和英辞典」や「イミダス」、現代のキーパーソンが収録された「人物データベース」も利用する

ことができる。

エ 検索ツールサイト

データベース本文を主としていなく、リストを検索できるのが検索サイトである。そのなかの幾つかが、本文を貼り付けている場合があるので、データベースに近い。図書と論文に関する主なデータベースを以下に挙げる。

① Dnavi（国立国会図書館データベース・ナビゲーション・サービス）
ウェブ上の各種データベースについて書誌情報（メタデータ）を作成し、リンクすることによってその入り口を表示する。国内に置かれるウェブサイト上で公開されている情報資源を登録しており、タイトル・作成者・分類・内容説明等から検索することができる。見出しも示されており、総記・哲学・歴史・社会科学・自然科学・技術・産業・芸術・言語・文学などがある。

② CiNii（NII論文情報ナビゲータ［サイニィ］）
学協会刊行物・大学研究紀要・国立国会図書館の雑誌記事索引データベースなど、学術論文情報を検索の対象とする論文データベース。膨大な論文情報の中から簡単に目的の論文を検索し、論文本文に到達することができる。

③ WARP
電子雑誌を1600タイトル以上収集している。学術・自治

体の広報などの本文検索機能を使えば、インターネット上の電子雑誌に関する一次情報を簡単に検索することができる。バックナンバー、都道府県広報一覧もある。コレクションには、国の機関・都道府県・政令指定都市・市町村合併・法人機構・大学・イベント・電子図書などがある。

④ 機関リポジトリ一覧

機関リポジトリとは、大学とその構成員が創造したデジタル資料の管理や発信を行うために、大学がそのコミュニティの構成員に提供するもの。その一覧が示されている。これによって各大学の資料を検索することができる。

⑤ NACSIS-Webcat

国内の大学図書館と主要な図書館の和洋図書・和洋雑誌の所蔵を検索するための総合目録。Webcat-Plusは、ことばの連想から対象を広げて検索することができる。BOOKPLUSと同様に内容目次情報も利用することができる。

⑥ NDL-OPAC

国立国会図書館の蔵書検索。国立国会図書館は、納本制度により網羅的な資料収集を目的としているので、官公庁出版物や非売品図書を含めた総合的な出版情報の確認に有効である。

⑦ BOOKPLUS（日外Web）

昭和元（1925）年から現在までの図書の出版情報が検索

できるデータベース。明治19（1886）年以降のデータでは、図書の内容・目次情報・小説のあらすじなども収録されている。

2 検索方法

検索は単に単語を探すだけではく、様々な機能が可能である。ほとんど同じ機能であるので、基本的なものを知っておくと、検索を絞り込むことができる。次のような検索方法がある(注1)。

ア　フレーズ検索

ひと続きの文・文字列で検索したい場合は、全体を「 " 」（ダブルクォーテーション）で囲って検索する。

イ　AND検索

複数のキーワードすべてが含まれるページを検索したい場合、または検索結果を絞り込みたい場合は、複数のキーワードを半角スペースで区切って入力することで、キーワードがすべて含まれるページを検索することができる。さらに検索キーワードを追加することで、検索結果を絞り込むこともできる。

ウ　OR検索

複数のキーワードのいずれか一つを含むページを検索したい場合は、複数のキーワードの間に「OR」（半角大文字で前後に半角スペースを空ける）を入れると、それらのキー

ワードのいずれか1つが含まれたページを検索する。

エ　マイナス検索

特定のキーワードを含まないページを検索したい場合は、「-」(マイナス)の後にキーワードを続けて入力することで、そのキーワードを含まないページを検索することができる。

オ　site:検索

特定のドメインやサイト内のみを対象として検索したい場合は、検索語の前に「site:」として、その後にドメイン名を追加する。

カ　TITLEWORDS 検索

ページのタイトルに特定の文字列が含まれているページを検索したい場合は、検索語の前に「TITLEWORDS(　)」として、(　)内に文字列を追加する。

キ　URLWORDS 検索

URLに特定の文字列が含まれているサイトを検索したい場合は、検索語の前に「URLWORDS(　)」として、(　)内に文字列を追加する。

以上のサイトにある膨大な情報を収集したり、検索しながら整理したりすることで、アイディアをよりダイナミックにすることができる。先の市街地の活性化について、今仮に「yahoo!」のホームページ (http://www.yahoo.co.jp/) で、

「市街地」「活性化」

の語で複合検索してみると、次のようなタイトルのサイトが結果として出る。

- 「中心市街地活性化のまちづくり コンパクトなまちづくりを目指して」
- 「中心市街地活性化本部」
- 「認定された中心市街地活性化基本計画について」
- 「中心市街地の活性化に関する法律 – Wikipedia」
- 「中心市街地活性化協議会支援センター」
- 「中心市街地の活性化に関する法律」
- 「街元気-まちづくり情報サイト – 中心市街地活性化ハンドブック」
- 「全国中心市街地活性化 まちづくり連絡会議」
- 「活性化に関するQ & A-Yahoo!知恵袋」

このうち、「認定された中心市街地活性化基本計画について」を見ると、内閣府地域活性化推進室の【これまでに認定された中心市街地活性化基本計画】が105市108計画分記されていて、例えば、そのうちの「青森地中心市街地活性化基本計画」では、「活性化の取組」として「コンパクトシティのまちづくり」が挙げられ、そのQ&Aでは、

1．住まい、職場、学校、病院、遊び場などさまざまな「機能」を、都市の中心部にコンパクトに集めることで、自動車に頼らず、歩いて生活することのできるまちのことです。

と説明されている。豪雪都市における除雪費用の問題や自動車に頼らない暮らしを目的とした政策であるが、中心市街地の活性化と移転においても当てはまる政策である。先の前橋中心街の空洞化の問題でも、「高校や大学の移転で若者が減った」ということが原因として挙げられていた。現に数十年前には、国立大学が商店街の近くにあったし、数年前までは公立の工業高校と私立の女子校が郊外にあって、ともに通学の際に商店街を通っていたわけである。

　さらに、

「コンパクトシティ」「活性化」「立地」

で検索してみると、中小企業庁の『中小企業白書　2006年版』第3部・第4章・第3節「都市機能の集約－公共施設の立地についての課題」に行きつく。そこには、三菱総合研究所が平成17（2005）年12月に実施した「まちなかのにぎわいづくりと中小企業振興に関するアンケート調査12」を引用して、次のように記されている。

公共施設のうち、特に住民の利用頻度が高いと思われる市町村役場、市町村立図書館、市町村立文化施設が中心市街地の外から内に移転した自治体において、「活性化、にぎわいが増しつつある」割合が際立って高くなっていることが読み取れる。市民利用型の公共施設が外から内に移転することで、施設利用者が「まちのにぎわい」、つまり来街者の増加に寄与したことが推測されよう。

つまりここから公共施設を中心市街地のなかに移転した自治体の市街地は活気が戻ってきていることが分かる。このことを参考にして先の文章の提案をさらに書き直すと、次のようになろうか。

> 首都圏の水源として重要な役割を有する利根川や広瀬川が流れている前橋は自然豊かな街であるとともに、詩人の萩原朔太郎をはじめとする文人とゆかりがあって、文学的にも著名な街である。ただ街中の商店街は休日でも行き交う人がそれほど多くはない。最近はさらに郊外に商業施設が増えてきて、今後、市街地の空洞化はますます進んでくる。前橋は全国の県庁所在地で路線価とオフィスビルの空室率がワースト１である。08年秋のリーマン・ショック以降、企業の支店が次々と撤退した。関東の支店は埼玉の大宮までにとどめる

ケースが多いという。市街地が空洞化した原因は、駐車場が少ないので、車での買い物が不便であること、高校や大学の移転によって若者が減ったこと、郊外に大型ショッピングセンターができて客を取られたことなどが挙げられる。県内に支店を残している企業であっても新幹線の駅がある高崎市に移転している。

　人口が郊外に移動しただけならばいいが、それは「人が集まるコミュニティの場としての役割」「まちの顔としての象徴性」「文化を継承する役割」がなくなるという指摘がある。「まちづくりにぎわい再生計画」による報告を受け、平成17年11月に旧計画を改訂し、撤退した百貨店リヴィン前橋店跡や広瀬川河畔など5地区を拠点整備地区として再開発や、Jリーグチーム「ザスパ草津」のサポーターらが集う店の開設や仮想商店街の立ち上げなどの新たな取り組みを進めてきたが、中心市街地の空洞化に歯止めが掛かっていないのが実状である。これらは市政がその対策を怠ってきたからである。産業を優先させて、高齢者や若年層の生活環境を考えてこなかったからである。

　市街地に活気がなくなった原因として、高校や大学の移転があるということは、裏を返せば、中心市街地にそれら施設を誘致すれば、活気が戻ってくることになる。中小企業庁の『中小企業白書　2006年版』第3

部・第4章・第3節「都市機能の集約－公共施設の立地についての課題」では（株）三菱総合研究所が2005年12月に実施した「まちなかのにぎわいづくりと中小企業振興に関するアンケート調査12」を分析して、「市町村役場・市町村立図書館・市町村立文化施設が中心市街地の外から内に移転した自治体において、活性化、にぎわいが増しつつある割合が際だって高くなっている」とする。

　つまり、教育機関だけでなく、図書館や文化施設などを中心市街地のなかに設置すことが、活性化の大きな要因となってくると考える。すぐには実現しないと思われるが、徐々に時間をかけて移転を考えていくことが必要であると考える。

第2節　分析する視点

　材料の目安が揃ったら、それを今度は整理していくことが必要となる。そのためにはさまざまな「分析する視点」が重要となってくる。

　あるいはそれは「論理的思考方法」とでも言おうか。我々はさまざまな履歴をもって社会に出て、さらにそれぞれの専門分野や得意分野を有する。それはたとえ企業に入ったときでも、それぞれの職場において得意分野が生まれる。ただ我々はその得意分野や専門分野をもって総合的な会議を開いたときに、それぞれの分野の能力とは別に会議での発言力が必要となる。その発言力は「どのように発言するか」ということも重要であるが、「何を発言するか」が重要となってくることは今まで指摘し尽くしてきたごとくである。その場合、重要であるのが「論理的思考方法」である。

　であるから、本来、大学の学部で最も学ばなければならないのが、この「分析する視点」や「論理的思考方法」であるが、そのことを涵養する教育は日本の大学ではまだまだ十分ではない。よって以下に主な「分析する視点」を示すことにする。

1 大小で考える

すべての事象は体系的で、そこには大小の区別がある。その大小を把握することは、議論をする上で最も重要なことである。我々は時として、その大小のレベルを間違えて議論をしている場合があるからである。また小さな視点での考察は、大きな視点による考察に凌駕されてしまうからである。

ア 「総体」と「細分」を把握する

まず社会問題を大きく見渡すために、ジャンルのカテゴリを見てみる。既に廃刊してしまったが、かつての『現代用語の基礎知識』や『imidas』などの項目を見ても大まかな分類が分かるが、最近は、ポータルサイトのカテゴリが生活に必要な情報を分類しているので、それを参考にすることが有効である。

「MSN」の「サービス一覧」では「知る」「調べる」「楽しむ」「暮らす」「コミュニケーション」などにまず分類して、次のごとく細分化する。

```
知る    ニュース  スポーツ  天気予報  ビデオ
調べる  地図  路線  電話帳  デジタルライフ
買う    ショッピング  オークション
楽しむ  ムービー  ミュージック  テレビ番組  ゲーム
        占い  トラベル  グルメ  モバイル
暮らす  マネー  自動車  恋愛・結婚  恋人探し  転
```

職・アルバイト　スキルアップ　不動産　ビューティスタイル
コミュニケーション　Hotmail　スペース

　一方、「yahoo!」の「登録サイト」では次のようになっている。

「エンターテインメント」「メディアとニュース」「趣味とスポーツ」「ビジネスと経済」「各種資料と情報源」「生活と文化」「芸術と人文」「コンピュータとインターネット」「健康と医学」「教育」「政治」「自然科学と技術」「社会科学」「地域情報」

　これらは現代の我々がほしい情報のほぼ総体を示しているといってよいであろう。
　この「総体」をさらに「細分化」するという図式をちゃんと頭のなかに作り上げておく必要がある。例えば、このなかで「政治」の「細分」は、

　行政機関　税金　法律　国会　政党　警察　国会議員
　地方自治　軍事　確定申告

とあって、そのなかの「地方行政」について、

都道府県庁　都道府県知事　地方議会　区市町村長　都道府県庁所在地　電子自治体　過疎　地方税　地方分権　市町村合併　道州制　構造改革特区

とある。例えば、前橋市の問題は、それを覆う大きな団体として群馬県の問題でもあるし、さらに日本の問題でもあって、さらに同系列で言うと、近隣市町村の問題でもあって、またさらに前橋市から小さな団体で言うと、前橋市内の町の問題でもある。図式化すると、次のようになる。

　日本＞群馬県＞前橋市＞平和町…
　　　　　　　高崎市
　　　　　　　渋川市

「地方自治」の問題でも県やさらには各町の問題も加味すれば、また別の問題が生じてくることになり、新たな提案を示すことができる。
　この「総体」と「細分」を踏まえた推論の方法に「演繹法」と「帰納法」がある。

ⅰ　「演繹法」
「演繹法」は「一般的な前提」を仮定して、それが真であれば、「個々の結論」も真であるというものである。この場合、前提の方が「総体」、結論の方が「細分」となる。

「演繹法」は例えば、次のごとくである。

　生き物は死ぬ ― 大前提
　猫は生き物である ― 小前提
　猫は死ぬ ― 結論

　これは推論であるが自らの論を推し進めていくときに重要である。社会に対する反論ということをテーマに掲げたときに、その社会事象に対する反論に有効となる。
　先に触れたコンパクトシティで言うと、次のようになる。

　コンパクトにすると都市は活性化する ― 大前提
　前橋は都市だ ― 小前提
　前橋はコンパクトシティにするべきだ ― 結論

ⅱ 「帰納法」
　これに対して「帰納法」は、個々の事例から、一般的な理論を見出すものである。この場合、前者が「細分」で、後者が「総体」ということになる。「帰納法」は次のごとくである。

　猫は死んだ ― 事例
　人間は死んだ ― 事例
　生き物だから死んだ ― 因果関係

生き物は死ぬ ─ 結論

　先のコンパクトシティをその「帰納法」に当てはめると、次のようになる。

　　前橋はコンパクトシティで活性化した ─ 事例
　　青森はコンパクトシティで活性化した ─ 事例
　　コンパクトシティにすると活性化する ─ 因果関係
　　都市はコンパクトシティにすると活性化する ─ 結論

　一般化できるかどうかが論点であるから、「帰納法」は間の因果関係を反論すれば成り立たなくなる。

　このように「総体」をつかんで、さらに「細分化」する、さらに自分でも類似を考えてみるという視点は問題をさらに絞り込むというときにとても重要である。ただ問題を絞り込むというわけではない。「総体」から出発しているということは、全体像をつかんだ上での問題の掘り下げであるから、的を射た批判を提示することができ、バランスのいい論を展開することができ、さらに反論にも備えることができるのである。

イ 「軽重」を考える
　「総体」と「細分」を考えることは、別な意味で「軽いも

の」と「重いもの」を考えることでもある。どちらが「より重要か」「どちらがより優先されなければならないか」ということである。我々は初め同じレベルで議論をしていても、次第に枝葉末節な事柄を用いて反論してしまうこともある。議論する場合は、向かっていく方向として何を目的とするかが重要となる。先のコンパクトシティにおいて、

- 商店街活性化のために公共施設を移転すべきだ。
- 公共施設を移転するためには大きな経費がかかる。

という二つのどちらが、「重いもの」なのかということである。あるいは、これを経費の観点から考えると、

前者―直接には商店街の人々にかかわる問題
後者―市民全体にかかわる問題

と捉えることもできる。こういう観点が現場に即した実質的な論拠となっていくはずである。

2 「背景」を考える

「総合」「細分」はいわば表に現れた「表象」の大小であるが、その表に現れた対象にはそれぞれ「背景」がある。「背景」には、ある集団の背景、つまり「社会的背景」と、個人が有している「背景」、つまりは「立場」がある。それぞれ

その「背景」を考えることによって、問題点を見つけ出して、より確かな論を展開することができる。

ア 「社会的背景」を考える

先に示した東北におけるコンパクトシティが群馬で可能なのかを社会的背景からも考えなければならない。都市の空洞化の原因には、店舗の郊外への移転があり、その原因には車社会があるが、実は群馬は車保有率が全国一である。その原因にはさまざまあるが、恐らく次のような理由であると考えられる。

- 公共交通が整備されていない。
- 夏は暑く冬は空っ風が吹くという気候。
- 道路が整備されていて広い。
- 自動車会社の工場がある。

このような背景を考えると、車社会を度外視した考えは難しくなるし、むしろ車社会を考慮した活性化が必要となってくる。例えば、「富山市都市マスターズプラン」の第4章「総合的なまちづくりにおける住宅施策」1「コンパクトなまちづくりの推進」では、

> 「富山市都市マスタープラン」では、富山市のまちづくりの理念として「鉄軌道をはじめとする公共交通を活性

化させ、その沿線に居住、商業、業務、文化等の都市の諸機能を集積させることにより、公共交通を軸とした拠点集中型のコンパクトなまちづくり」を掲げ、便利な公共交通を串、地域拠点を団子に見立て、「お団子と串の都市構造」を目指すこととしている。

などの公共交通機関に対する具体的な政策を示している。このような交通手段に関しての対策は必須となる。

イ 「立場」を考える

「個人的背景」のひとつに「立場」がある。さまざまな事項にはそれぞれにかかわる人の「立場」がある。その「立場」によって、物事の捉え方が、180度変わることもある。ある政策が、一方の人にとっては賛成だが、もう一方のとっては反対ということは多くある。「立場」とは二者だけのことではないから、物事を進めるとき、種々の「立場」にとっての折衷を考えなければならなくなる。

例えば、中心市街地の商店の人たちは活性化を望んでいるが、そうでない人たちは静かに暮らしたいと考える。さらに郊外の図書館の近くに住んでいた人たちは不便になってしまう。とすると、次のような「立場」を考えなければならない。

- 中心市街地の商店の人 ― 中心市街地の活性化を望む。

- 中心市街地の一般住民 ── 町の静寂を望む。
- 郊外の住民 ── 公共施設に移転に反対。
- 一般市民 ── 公費の無駄遣い反対。

3 「時間」と「空間」で考える

　先の「総体」と「細分」の区分は、いわば、現代という時間に限定された分析である。それは「空間」の相違であるといえる。この「空間」と対照的な概念が「時間」である。この「時間」という概念を、その「空間」としての相違に含ませてみると、さらに立体的な論になる。

　「縦軸」と「横軸」のなかで、その対象を浮かび上がらせ、位置づけを行うと言ってもいい。「縦軸」が「時間的観点」、「横軸」が「空間的観点」である。教育現場における教科に当てはめて考えると、「時間的観点」による科目の代表が「日本史」や「古典」となり、「空間的観点」による科目の代表が「英語」や「地理」となり、「世界史」はその「時間的観点」と「空間的観点」を掛け合わせた科目であるということができようか。

ア 「時間的」に考える

　学生に「古典」の授業の意義を質問すると、答えられない学生が多いが、現代の我々には、例えば「時間的」、つまり「歴史的」に把握してみることが有効な場合があるはずである。「古典」という科目の観点から、現代に起きている事件

を思想史から見てみると、現代がいかに変化しているかを理解することができる。例えば、現代社会を儒教的観点から見たときに、日本人は依然として、儒教的思想を堅持している。それは現代社会の秩序を保っている場合もあれば、現代社会で様々な問題を引き起こしている場合もある。

「時間的」な視点で考えることは現代を相対化して客観視することでもある。前橋の歴史を考えると、前橋城を酒井家が九代150年間藩主として支配し、現在の前橋市の基礎となる領内整備を行って、寛延2（1749）年から松平氏が藩主となり、引き続き領内整備を行ったとされる。つまり、

　　近代以前までは前橋の中心は現在の県庁がある利根川沿いの前橋城

であったということになる。

さらに明治になると、中心地が動いていく。前橋と渋川間に東武鉄道が明治23（1890）年に馬車鉄道として開業している。この馬車鉄道が現在の前橋の中心商店街を縦断していた。現在の場所に商店街が存在するのは、この東武前橋線が影響しているらしい。その一年前の明治22（1889）年に現在の前橋駅が作られているから、この前橋駅と渋川を結ぶために作られたと考えられる。現在の駅前にはケヤキ並木が植えられ、大きな並木道となっている。であるから、景観から考えても利便性から考えても、

現在の前橋駅前を中心にして活性化を考える

という視点も出てくる。

イ 「空間的」に考える

　先に「総体と細分で把握する」のところで、国・県・市の関係を示したが、これは「空間的な範囲」の捉え方である。「空間的」に把握するということは、「場所」の位置や範囲を考えるということである。「場所」において、現在我々が認識できる範囲で一番大きいのは、「地球」である。最近では環境を地球レベルで考えるようになった。地球温暖化がその象徴的課題である。この「地球」を相対化すると、「宇宙」を視野に入れる必要がある。「宇宙」に飛び立つ日本人も次第に増え、現在では「宇宙」からの視点で人類の生活を考えていくようになっている。

　一方で、「地球」の上に人間の生活を見るならば、それは多くの「国」によって区分されていることになる。「国」で比較するということは、「国際的」な視点を持つということである。「国」はさらに「都道府県」によって、「都道府県」は「市町村」によって、「市町村」は「地域」によって成り立っている。図式にすると次のようになる。

　　宇宙＞地球＞国＞都道府県＞地町村＞地域

i　県からの視点

　県の視点から考えると、「はばたけ群馬・県土整備プラン」として県は次のように考えている。

　今後、群馬が未来に向けて大きくはばたいていくために、これからの10年間「ぐんまの社会資本整備はどのようなやり方で、何を整備していけばよいか」という県の指針です。

　その第1章「策定の背景（社会資本を取り巻く状況）」として、そのなかの一つに、

（3）プラスの要因
・　北関東自動車道、圏央道の開通
・　東京圏との近接性など

として、北関東全体を考えた開発として北関東自動車道の開通が挙げられ、さらには「拡散する市街地」を認めている。つまり、県の立場から考えると、既存の各都市に活気が戻ることを否定はしないが、一方で、県全体から捉えて、隣県との連携を考えると、どうしても交通の便を優先してしまう。先の「「社会的背景」を考える」においても、群馬における交通機関や風土からの自動車への依存を示したが、そうすると、

前橋は北関東自動車道のインターチェンジである前橋南地区を起点

に考えなければならない。前橋南地区にショッピングセンターを作ったとして、

その前橋南地区とどのような折り合いをつけていかなければならないか。

が課題となってくるであろう。

ii　日本からの視点

　群馬の観光地の特徴として温泉がある。そのなかで草津温泉は日本で最も著名な温泉地区である。この客を前橋に呼ぶことも活性化するためには有効で、そのためには、前橋と草津との接点を見出す必要がある。前橋は萩原朔太郎の出身地で有名であって、他に平井晩村・高橋元吉・萩原恭次郎・伊藤信吉ほか多くの詩人が輩出して、前橋文学館が商店街の脇を流れる広瀬川沿いに建てられている。草津温泉にも草津温泉観光協会の「湯 Love 草津（草津温泉観光協会ホームページ）」の「観る/文化財産」を見ると、「鬼の相撲場碑・山媛呼の碑・十返舎一九碑・水原秋桜子碑・小林一茶句碑・平井晩村碑・高村光太郎碑・斎藤茂吉碑」などの碑が紹介されている。さらに群馬県には、やはり日本の温泉ランキングでも

ベスト10に入る伊香保温泉があって、この伊香保は『万葉集』にも詠まれた場所である。伊香保温泉観光協会のホームページを参照すると、「徳冨蘆花記念館・万葉歌碑」が紹介されていて、さらには「竹久夢二伊香保記念館」が紹介されている。

　これらを踏まえると、

　　温泉と芸術を売りにした観光による復興

を考慮に入れて提案することが可能となろうか。

ウ　「時間」と「空間」から判断する―「縦軸」と「横軸」―
　「時間」と「空間」という「縦軸」と「横軸」によって捉えるということで、立体的に対象が浮かび上がってくるはずである。それはいわば、「日本の現在」「日本の過去」「海外の現在」「海外の過去」の四者からの視点によって、「日本の現在」を浮かび上がらせるということである。
　先の視点で、「時間的」に考えると、

　　駅前が活性化の拠点とならなければならない。

となり、さらに「空間的」に「都道府県からの視点」から考えると、

北関東自動車道のインターがある前橋南地区の開発が必要である。

となる。さらに「日本の視点」から考えると、

草津や伊香保といった日本有数の温泉地への観光

という視点がより有効となる。
　これらを総合的に加味すると、次のような文章になろうか。

> 　前橋中心市街地を活性化する一つの手段として、県外からの観光客を取り込むという方法が考えられる。
> 　群馬の売りは温泉であるが、この温泉客を前橋に来てもらうためには、その温泉場と前橋に共通するコンセプトが必要となる。伊香保と草津にはともに芸術に関する施設や場所が多い。この伊香保は万葉集にも詠まれた場所で、徳冨蘆花記念館や万葉歌碑がある。さらには竹久夢二が逗留した場所でもあって竹久夢二伊香保記念館もある。一方、草津には十返舎一九碑・水原秋桜子碑・小林一茶句碑・平井晩村碑・高村光太郎碑・斎藤茂吉碑などがある。前橋も萩原朔太郎の出身地で有名であって、他に平井晩村・高橋元吉・萩原恭次郎・伊藤信吉ほか多くの詩人が輩出している。草津

や伊香保への客に、この文学者で有名な前橋の前橋文学館にも寄ってもらうことが有効となろう。であるから「文学と温泉の旅」という視点でのＰＲによって、草津と伊香保に観光客を取り込むことができると考える。

北関東自動車道が2011年には水戸に繋がり、前橋水戸間が一時間で行き来できるようになった。東京からも一時間という所要時間である。であるから、関東全域からの自動車による観光客をターゲットに考えると、前橋南インターチェンジから前橋市街地への道路の整備が必要となろう。同時に、電車からの客は前橋駅を利用する。実は前橋商店街には昔は馬車鉄道が走っていた。街は駅を中心して栄える必要がある。現在の前橋駅前には、見事なケヤキ並木がある。そこから広瀬側沿いに進むと前橋文学館にたどり着くことになる。中心市街地を経由しながらこの道を整備することによって、電車での観光客が前橋を散策しながら文学の街を堪能できるのではないだろうか。

以上の視点で開発することが中心市街地の活性化の端緒になると考える。

「総体」「細分」・「時間」「空間」といっても、重複している部分もある。またそれらを複合的に用いる場合もある。要

は、まず我々はこのような視点を普段から持っておくということである。そうすれば、「それは違うな」とか、「そうかそれは、あのパターンと同じだからきっとああなるはずだ」というようなことが、分かってくるであろう。議論をしているときに、我々は後で考えて「ああ言っておけばよかった」などと思うことは日常茶飯事である。そんなときこそ頭の中にさまざまな分析方法を用意しておくことが肝要なのである。

第3節 発想方法

議論をするための確実な「思考方法」とは別に、何かを作り出さなければならないとき、なかなか「斬新な発想」が生まれないときがある。それは我々がしばしば「既成観念」に縛られているからである。アイディアを紡ぎ出すためには、物事を「分析する視点」とは別に、「発想法」が必要である。

1 JK法

文化人類学者川喜田次郎氏が考案したＪＫ法は、「実験」を行うための「構想計画」以前における着眼するための発想方法である (注1)。氏は日本においては発想の重要性を指摘した第一人者であった。

我々は「対象となる課題」に対して、その実験方法や資料

の収集、さらには実証の仕方などに重点をおいて学んだり、時には教員から指導されたりする。「ここの論証があまい」とか「こうやって資料を収集しなさい」とか。ただし、そもそもその「対象となる課題」を設定するときへの注意はさほど意識されていない。実はこの「課題」を設定した段階でその研究が成功するか失敗するか、または全世界を驚愕させるもの——例えば、アメリカ大陸の発見とか電気の発明とかワールドワイドウエブの構築とか——になるか、また既存の理論に僅かな成果しか付け加えられないかが決まってしまうのである。

　JK法はこの「課題」を見つけることに時間をかけるものである。「フィールドワーク」「記録」「討論」などの資料を踏まえて、発想する方法で、そこには4つのステップがある。（1）は「ラベルづくり」で、「主題」を叙情的に記述する。（2）では次に、（2-a）「ラベル拡げ」（2-b）「ラベル集め」（2-c）「表札づくり」を行う。「ラベル拡げ」は、ラベルを縦横に並べる作業、「ラベル集め」は、ラベルを相対的遠近によって数枚ずつセットにする作業、「表札づくり」、はそのセットに的確な短文で定義する作業である。（3-a）では、それを「空間配置」する。次に（3-b）では、その配置を「図式化」する。最後に（4）では、その図解が示していることを文章化するというものである。つまり、次のようになる。

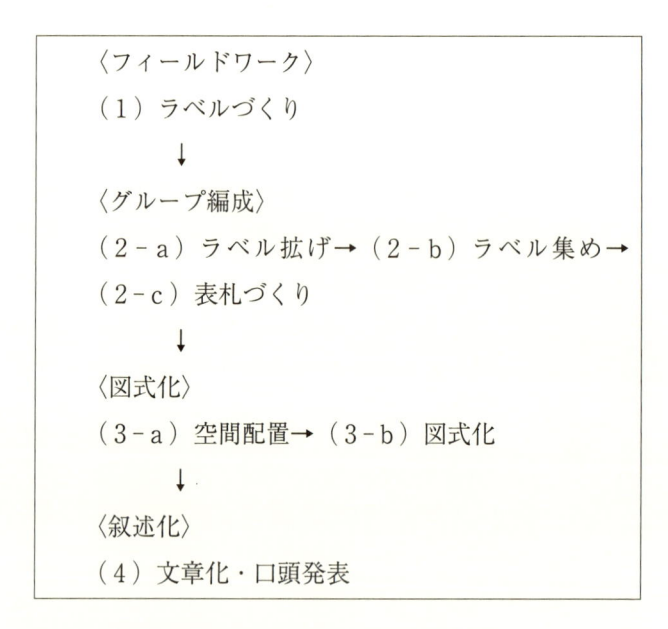

```
〈フィールドワーク〉
(1) ラベルづくり
    ↓
〈グループ編成〉
(2-a) ラベル拡げ→(2-b) ラベル集め→
(2-c) 表札づくり
    ↓
〈図式化〉
(3-a) 空間配置→(3-b) 図式化
    ↓
〈叙述化〉
(4) 文章化・口頭発表
```

　この「フィールドワーク」などの資料収集のときに情報収集がしっかりしている必要がある。「表札づくり」は「類似」を見つけることであるから、「帰納法」が有効になる。

2　NM法

　創造工学の中山正和氏のNM法は、理詰めではないアイディアを出すときに効果的である (注2)。我々は理性が働いてなかなか思い切ったアイディアが浮かばないときがある。

このNM方法はその認識を中断することで、全く新しい発見を見出すというものである。まずテーマについて「本質」つまり、キーワード（KW）を決める。このKWについて、「例えば……のように？」と問う。この問いかけをQA（Question Analogy）という。このQAは「比類」であるから、テーマからできるだけ遠い方が効果的である。このQAについて、「そこでは何が起きているのか？」という「背景」の問いかけをする。この問いかけをQB（Question Back-ground）という。このQBのイメージから一つ一つ「これは問題の解決に何かヒントを与えないか？」という問いかけをしていく。これをQC（Question Conception）という。イメージを重視して発想を出す方法である。

例えば、街の活性化において、「みんながあっと驚く企画」を行いたいと考えたとする。KWをまず「楽しくなる」と設定する。次に「楽しくなる」のQAを「踊る」「恋愛」「食べる」としよう。「踊る」から「ダンス」「歌う」「汗を流す」などである。また別のQA「恋愛」についてさらにQBを考える。そうすると、それぞれ次のようになる。

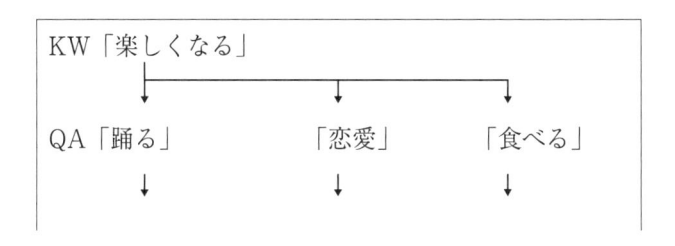

```
KW「楽しくなる」
   ↓         ↓         ↓
QA「踊る」  「恋愛」    「食べる」
   ↓         ↓         ↓
```

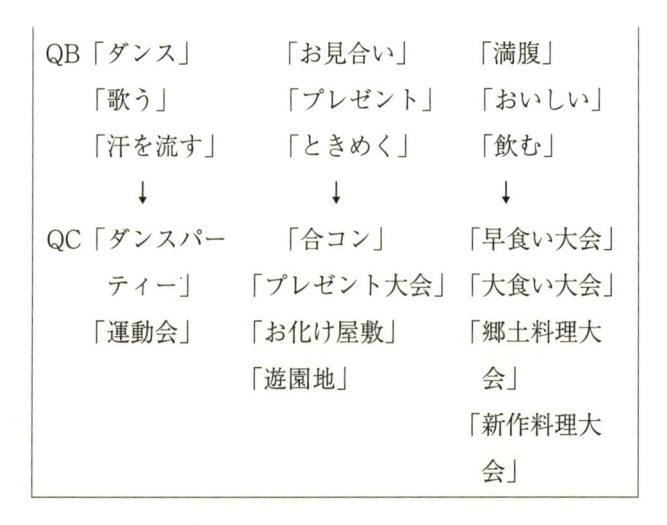

```
QB「ダンス」      「お見合い」    「満腹」
  「歌う」        「プレゼント」  「おいしい」
  「汗を流す」    「ときめく」    「飲む」
      ↓              ↓              ↓
QC「ダンスパー   「合コン」      「早食い大会」
    ティー」     「プレゼント大会」「大食い大会」
  「運動会」     「お化け屋敷」  「郷土料理大
                 「遊園地」        会」
                                 「新作料理大
                                   会」
```

結果として、以上のようなQCが浮かんだ。あとは取捨選択をすることで、中心商店街活性化に向けてのイベントの式次第が出来上がることになる。「食べる」というQAから導き出されたQCを基に文章化すると、次のようになろうか。

> 前橋中心市街地を活性化する一つの手段として、休日のイベントが考えられる。活性化するためには、楽しくなければならない。我々の楽しみの一つは「食べること」ではないだろうか。「食べること」の楽しみには二つある。「おいしい」と「満腹」である。年配の方はどちらかというと前者で、若者は後者ではないだろうか。

> 　ただ食べるというだけでなく、前橋という地域をアピールするためには、前橋特有の「食」である郷土料理をその対象とする必要がある。
>
> 　これらを総合すると、「郷土料理のコンテスト」「郷土料理の大食い大会」などの企画が人々の興味を引いて、さらに前橋をアピールすることができると考える。

3　ロジックツリー

「ロジックツリー」はその名のとおり、論理の枝葉を作ることである。枝葉と幹の関係を考えながら、具体的になり過ぎないように、必ず抽象的な部分に立ち返って、「全体像」をつかみながら進めていく手法である。その際に先述した「全体」「細分」の分析方法が必要となってくる。

「街を活性化する」という目標を立てたとする。これについて、全体像を描きながら思考を進めていく。「街を活性化する」ためには、「人で賑わう」とする。そうすると、次のような枝葉を作る。

> 街を活性化する　→　人で賑わう

こうしたときに、全体像を把握するためには、「そもそも」と考える。「そもそも街が活性化する」と考える。「そもそも活性化とは人だけのことか」と考える。そうすると「人」の

対極を「家」とすると、「多くの家がある」ということになる。そうすると、次のような枝葉が増える。

```
街を活性化する → 人で賑わう
              → 多くの家がある
```

ここでまた「多くの家がある」とは「そもそも」と考える。それは「多く」の「家」である。そこで「そもそも家とは」と考える。それは「居住環境」ではないだろうか。そうすると、次のような枝葉ができる。

```
街を活性化する → 人で賑わう
              → 多くの家がある → 居住環境
```

そこで、また「そもそも」を考える。「そもそも居住環境とは」と考えると、「住居」とは「住みやすい家」がまず浮かぶ。であるから、次のようになる。

```
街を活性化する → 人で賑わう
              → 多くの家がある → 住居環境 →
                住みやすい家
```

さらにそもそも「住みやすい家」とはと考えると、「落ち着く場所」や「バリアフリー」が挙げられよう。そうすると、

次のようになる。

```
街を活性化する → 人で賑わう
            → 多くの家がある → 居住環境 →
       住みやすい家 → 落ち着く場所
                   → バリアフリー
```

ここで「居住環境」に戻って、「居住環境」は「家」だけでなく、その周りの環境も重要であるということにある。そうすると、「家」の対極は「自然」であるから、「豊かな自然」が枝葉に加わることになる。すると、次のようになる。

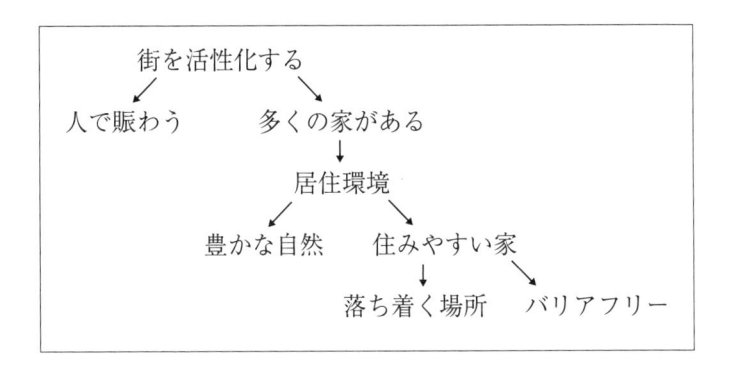

```
        街を活性化する
       ↙         ↘
  人で賑わう    多くの家がある
                ↓
              居住環境
           ↙        ↘
      豊かな自然    住みやすい家
                  ↓        ↘
              落ち着く場所   バリアフリー
```

「豊かな自然」でも「自然」は「緑」「川」「空気」などが挙げられる。そうすると、次のようになる。

```
┌─────────────────────────────────────────────┐
│           街を活性化する                      │
│          ／       ＼                         │
│     人で賑わう    多くの家がある              │
│                    ↓                        │
│                  居住環境                    │
│                 ↙     ↘                     │
│          豊かな自然    住みやすい家          │
│          ↓ ↓ ↓        ↓        ↘           │
│          緑 川 空気   落ち着く場所  バリアフリー │
└─────────────────────────────────────────────┘
```

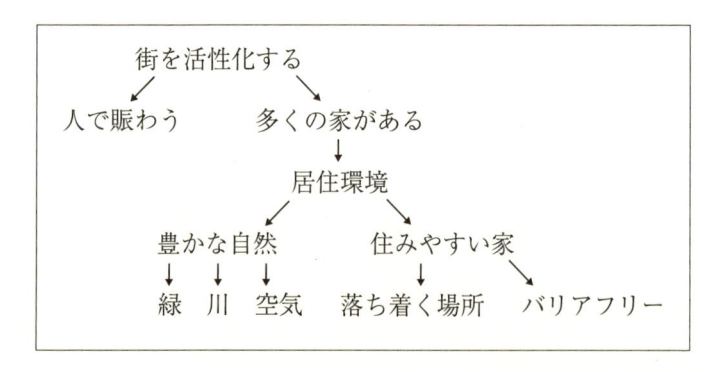

さらにこれを文章化すると、次のようになろうか。

> そもそも前橋の中心市街地を活性化させるためには、人で賑わう必要がある。人で賑わうということは、休日にイベントなどで賑わうということもあるが、街全体に常時活気があるためには、住人が多くいなければならない。多くの住人を集めるためには、居住環境として整っている必要がある。そのためには、落ち着く場所であることが重要である。それは、まずどのような人でも安心して暮らせるように街全体がバリアフリーでなければならない。
>
> さらには、暮らしやすい街であるためには、豊かな自然が欠かせない。そのためには、豊かな緑・きれいな川・澄んだ空気が必要となる。
>
> これらを総合すると、現在の空きビルを取り壊して、

> バリアフリー化した歩道建設を行い、現在あるケヤキ並木と広瀬川を中心にした自然豊かな空間を保ちながらの都市計画を行うことが有効であると考える。

4 ピラミッドストラクチャ

ロジックツリーと対照的な手法で論理立てをする方法として、ピラミッドストラクチャがある。ロジックツリーは「課題」がまずあって、そこから「問題の構造」をはっきりさせながら作り出していく方法であるのに対して、ピラミッドストラクチャは、いくつかの「情報」から「主題」や「結論」を導き出して論を確かなものにしていく方法で、上位の事項が下位の事項によって直接理由付けられていなければならない。ロジックツリーが「そもそも」で展開していくのに対して、ピラミッドストラクチャは「なぜ」で「項目」を作り上げて、「主題」を「確認」するものである。

先の商店街の活性化で考えていこう。その「結論」は、

　　商店街が活性化する。

である。ではその次に、

　　コンパクトにすると活性化するのか。

と考えると、実は「小さいこと」そのものが「活性化」にはならない。「活性化」に必要なのは「人が多くいること」が必要だからである。だから、

```
活性化 ← 賑わい
```

となる。ではなぜ「賑わい」が必要かというと、「商店街が栄える」ことが必要だからである。とすると、

```
活性化 ← 賑わい ← 商店街が栄える
```

となる。では「なぜ商店街が栄える」ことが必要かというと、「物が売れる」ことが必要だからである。つまり、

```
活性化 ← 賑わい ← 商店街が栄える ← 物が売れる
```

となる。これが一つの「ライン」にある。

ただこれでは、「活性化」までは行き着かない。「活性化」が必要なのは「居住空間としての活性化」が必要だからである。つまり、

```
活性化 ← 多くの住民
```

になる。この「多くの住民」は「住みやすい居住環境」であ

る。だから、

```
活性化 ← 多くの住民 ← 住みやすい居住環境
```

これが一つの「ライン」になる。これを全体で図式にすると、次のようになる。

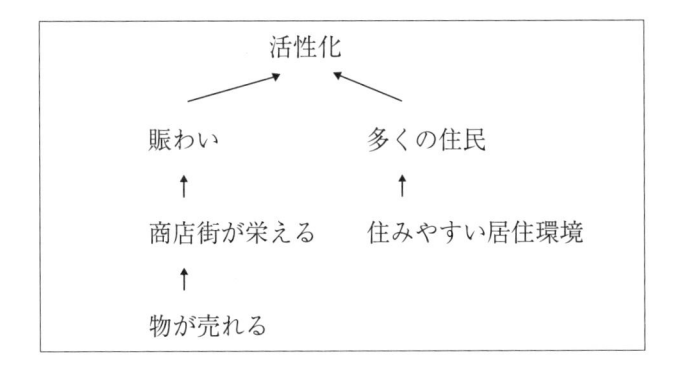

```
                活性化
              ↗      ↖
         賑わい      多くの住民
           ↑            ↑
       商店街が栄える   住みやすい居住環境
           ↑
       物が売れる
```

　これに基づいて文章を修正していく。この箇条書きに対して、段落を作りながら、追い込んでいけば、それぞれのようなことが必要なのかが見えてくるし、一つの論理立った文章をなすときに論理の欠陥が見つかるのである。

むすび

　「分析」することは容易なことではない。ましてや、それを「展開する」ためには「全体像」や「背景」などを絶えず普段から考えている必要がある。そのためには、恐らく、いつも他人と議論をして、「論破」されたり、したりすることが必要となってくるのではないか。
　その繰り返しのなかで、分析方法が身についてくると考える。発想法にしても、絶えず奇抜なことはないかということを考えることが大事である。それこそが社会に出て我々が議論すべきための準備であると考えるのである。

注

第1章

第1節

1、辰濃和男氏『文章の書き方』(岩波新書・1994年)
2、樋口裕一氏『頭がいい人、悪い人の話し方』(PHP新書・2005年)

第3節

1、「毎日、本を読むか、運動をするか、昼寝をするかなど、選択が可能な場面で意思決定をしなければならない」という状況が、本当に存在するのかという問題も、さらに、「子どものころから、自分で問題を発見」する子どもがいるのかという問題も残る。
2、本多勝一氏『日本語の作文技術』で「作文の時間そのものが、たとえば私たちの小学校時代より少ない上、読書の「感想文」などを書かせているのだ。このような日本の教育環境もまた、いまの日本に非論理的文章の多い現象の一因であろう」として、感想文教育によって、日本人は非論理的作文を書くようになったという。
3、これらが、それぞれレベルの違う問題であって、文章としては、ポトフ状態になっていることも問題である。また「同じものを食べる」と「一体感を生み出し」「学校生活が楽しくなる」という視点が有効かということも問題である。

第一の「一体感」は問題本文中の「教育の一環」「心身の健康な発達を図っていくこと」「みんなで一緒に食べる昼食」を具体的に例示しただけで、「栄養の問題」にしても、「学校給食は、貧困児童の血色対策として始まった」という給食の始発を現代の偏食に当て嵌めて指摘しただけである。

4、ただその反論には自らの思い出が多く、社会性に欠ける傾向にある。

第2章
第2節

1、樺島忠夫氏『文章構成法』（講談社・1980年）「主題を発見するには」「文章の五つの特性」

2、木下是雄氏『理科系の作文技術』（中公新書624）（中央公論社・1981年）

3、野口悠紀雄氏『「超」文章法　伝えたいことをどう書くか』（中公新書1662）（中央公論社・2002年）

4、辰濃和男氏『文章の書き方』（岩波新書328）（岩波書店・1994年）「〈整正新選流〉の巻—表現の工夫」「選ぶ—余計なものをそぎおとす」

5、板坂元氏『考える技術・書く技術』（講談社現代新書0327）（講談社・1973年）「仕上げ」「簡潔さ・わかりやすさ」

6、野口悠紀雄氏『「超」文章法　伝えたいことをどう書くか』（中公新書1662）（中央公論社・2002年）「化粧する（2）」

「表現をチェックする」「削りに削る」

第3節

1、宇佐美寛氏『新版　論理的思考』（メヂカルフレンド社・1979年）第三章「段落」Ⅲ「教材文の分析・批判」

2、香西秀信氏『反論の技術―その意義と訓練方法』（明治図書・1995）Ⅰ「議論指導における反論の訓練の意義」二「反論は議論の本質である」1「意見をのべることは、反論すること」

第4節

1、樺島忠夫氏『文章構成法』（講談社現代新書）（講談社・1980年）「書くことの発見のために」「価値ある内容とは」

第5節

1、辰濃和男氏『文章の書き方』（岩波新書328）（岩波書店・1994年）「〈平均遊具品〉の巻―文章の基本」「具体性―細部へのこだわり」

2、樺島忠夫氏『文章表現法　五つの法則による十の方策』（角川選書303）（角川書店・1999年）「わかりやすさを増すための方策」「明快な表現で書く」

3、本多勝一氏『日本語の作文技術』（朝日文庫）（朝日新聞社・1982年）「作文「技術」の次に」

第7節

1、本多勝一氏『日本語の作文技術』（朝日文庫）（朝日新聞社・1982年）「作文「技術」の次に」

2、「用意する」というテクニックを論じてしまっているよ

うで、思っていない嘘を語らせようとしているようであるが、実はあえて「社会的な課題」をひねり出しても、それは何らかの形でそう思っていることであると考える。

第3章
第1節
1、「@nifty@seach」の「検索コマンドによる便利な検索方法」を参考にした。
第3節
1、川喜田二郎氏「KJ法」『創造の理論と方法―創造性研究1―』（共立出版・1983)
2、中山正和氏「NM法の基本的な考え方と特徴」『創造の理論と方法―創造性研究1―』（共立出版・1983)

小野　泰央（おの　やすお）

1965年に山梨県韮崎市に生まれる。1995年に中央大学大学院文学研究科国文学専攻博士課程後期単位取得満期退学。2007年に博士（文学）取得。現職はノートルダム清心女子大学准教授。専攻は日本漢文学および日本表現史で、近年は現代における表現のあり方にも取り組む。主な著書に『平安朝天暦期の文壇』（2008年・風間書房）『中世漢文学の形象』（2011年・勉誠出版）がある。

創造するための文章

平成25年6月20日　初版発行

著　者	小野　泰央
発行者	株式会社真珠書院 代表者　三樹　敏
印刷者	精文堂印刷株式会社 代表者　西村文孝
製本所	精文堂印刷株式会社 代表者　西村文孝
発行所	株式会社真珠書院 〒160-0072 東京都新宿区大久保1-1-7 電話　03-5292-6521 振替　00180-4-93208

©Yasuo Ono 2013　　　　　　　　　　　　　Printed in Japan
ISBN 978-4-88009-274-4
装　丁　　町田えり子